牽手天下行

天下行

黃三、郭鳳西———著

黃三當年的英姿

鳳西大學畢業照

當年生活照

兩個寶貝女兒的小時候模樣

全家同遊莫斯科

1997年聖誕節全家合影

一家四口慶生

5

1998年參加舞會

德國慕尼黑地下餐廳

1991年大雪連下一週

代序

大鵬鳥已飛向天堂

法國／趙曼

「他施捨錢財，賙濟貧窮，他的仁義存到永遠！」
— 聖經哥林多後書九章9節

志鵬哥已化為大鵬鳥飛向天堂，他那愉快且高貴的樂觀主義，關切眾人的浩然之氣，其仁義將永留存在人間，成為我們後生晚輩的典範！

孟子曰：「有天爵者，有人爵者。仁義忠信、樂善不倦，此天爵也；公卿大夫此人爵也。」孟子常用道德上的熱情談及義。認識志鵬哥與鳳西姐，是我和德勝此生最大的福份，他倆是仁義的化身，天生一對，地成一雙，在天願作比翼鳥，在地願作連理枝，生生世世永不息！

他倆更是忠厚仁義的代表，主動積極，熱情慷慨，是典型的開放家庭，也因此我們成為多年的忘年之交兼通家之好，似乎又夾雜著淡若輕煙、溫柔敦厚的傷感！聖經上羅馬書8：28做開放家庭，接待大家，因為「我們知道上帝使萬事互相效力，叫愛神的人得益處！」特別是造就年輕人！

　　懷念在比京布魯塞爾客居志鵬哥、鳳西姐家的美好時光，鳳西姐主中饋，燒的一手好菜，是人人稱道的，每當我和德勝談完生意，坐TGV或地鐵、高鐵回家，志鵬哥便開車到地鐵口迎接，我們三人總是吱吱喳喳一路暢談，一進家門，嘉賓雲集，談笑風生。有時；帶著我倆去參加比利時人的舞會，志鵬哥和鳳西姐跳的交際舞中規中距，棒極了！我們最愛吃海鮮大餐，有次也回請他倆吃比京的豪華海鮮大餐，哇！Ｑ！Ｑ！Ｑ！永生難忘！

　　志鵬哥比鳳西姐大十四歲，志鵬哥又比德勝大三十一歲，而志鵬哥卻與德勝投緣，總對德勝嘖嘖稱奇：電腦、武術、中醫、國際談判，戲稱他是「國寶」，兩人更因在電腦的使用上，而常彼此切磋，志鵬哥鍥而不捨的終身學習態度，讓人折服；我們一桌子人吃飯合照的照片，志鵬哥可以在吃完飯便以他的電腦沖印給每個人，一人一張！而且修飾到每個人都很漂亮，更是大家愛死志鵬哥的理由！

　　真正的愛，是毫無保留的盡其所能給予對方，還會因不能給的更多而感到遺憾！鳳西對志鵬的愛，更是有目共睹！不僅生活上照料的無微不至，兩人的性靈生命，更同時長進，志鵬哥是鳳西姐的大學老師，年輕美麗的鳳西姐在大學時代，家世背景各方面都好，志鵬哥是流亡到台灣的年輕人，得到鳳西爸爸的賞識而雀屏中選，志鵬娶得美人歸後，也相當上進！他倆的愛情結晶有一張最著名的照片：高貴的比利時皇后，親手抱著嬰孩時代的寶貝女兒！

　　他倆在學術、藝文、企業界均卓然有成！先後經營過的各式行業中，最貴為翹楚便是我曾經的同行──古董業！這行業不是任何人想進入就可拜師入門的，除了必備的學識淵博、閱

歷豐富、經驗老到外，更涉及經濟、藝術、文化、科技、歷史、地理等學科領域；再進修專研目錄、版本、金石、校勘、文字、音韻、訓詁、圖書、檔案、文物、考古、社會、自然人文科學……。當然，還要有天賦異稟的「八成眼」鑑真、偽！

　　回想當年1995、1996年時，我常帶著一批批古董精品收藏家，在巴黎都奧拍賣場出入；也常帶團趕到比利時布魯塞爾志鵬哥和鳳西姐的豪華尊貴地段古董店採購，那時的志鵬哥意氣風發，穿著西裝筆挺，十足紳士派頭……。或許是上帝的旨意，張岱「陶庵夢憶」──繁華靡麗，過眼成空，五十年來，總成一夢！志鵬哥還想著手寫的三部書，還沒有完成，那些書中記錄的人、事、物再不可捕捉，現實生活的瑯嬛福地，讓志鵬哥懷著宗教式的虔誠，曾不斷地努力去渴求、尋覓，他不為外人道的心靈世界，在羽化登仙之際，在無所牽絆之時，終於歸真返璞！

　　「朋友是自己選擇的家人！」志鵬大哥，你是我們永遠敬愛的大哥！延客入座，相談忘機，唯有懂得生活艱難的人，才能捕捉到上乘的生活樂趣！你的一生精彩絕侖，我們為你大大鼓掌喝采！且讓我們以快樂的心情來永遠紀念你！

序

鳳西

　　《牽手天下行》，是鵬子從2006年開始構想要完成的一本書，源於我們兩人都寫文章，又愛旅行，常記下旅途見聞、心得。而這麼多年攜手走過大江南北，如果有系統的記錄下來，老來走不動了，回憶起當年來，不是最好的文字資料嗎？何況多年來鵬子習慣隨手記下，身邊發生的事，我也習慣有事忘了，去查他那大大小小的記事本，寫一本二人生活點滴的書，是多麼有趣也充滿甜密回憶的事，只是造化弄人，現在只能由我一人獨自來完成它，那一大堆記事本，成了晚年獨居，消滅寂寞的寶典了。

　　二個女兒婚後常說，我是天下少有的幸運女人，有個包容、溺愛、縱容、讓著我的老公。等我成了一個人，才明白多有運氣，我做了一輩子的小女孩，一輩子不必長大，外面的風雨、寒冷沒有淋到我頭上，很多我以為理所當然的事，並不是每個女人有福享到的。

　　經過兩年多的推託遲疑，現在沒有可推、可靠、可賴的人了，只得硬著頭皮，努力把這本書完成。

　　朋友們常說我們是三世夫妻，工作、玩樂、休閒都在一起，從不分開，他持重、周全，我反應快、毛躁，形成完美組

合。我們黃家這個小家庭像條小船，老公掌舵，老婆打理，兩個女兒幫手，平穩的往前走。當年他上學寫論文，我打工，唸完書創業，生孩子，一起學唱歌、學跳舞、學用電腦、一起寫文章出書，他是我最親近的良師、摯友、愛人、長兄。

《牽手天下行》是鵬子的遺作，臨終時他說：「很少人有四十二年美滿的婚姻，這麼多年相知相守，走過來多麼難得，我比你大十四歲，先走是正常的，我快八十了，我的朋友都在那邊等我，而妳的朋友還沒開始走，我先去等妳慢慢來，此生沒有遺憾，除了感恩，還是感恩。」多麼豁達、瀟灑，我萬般不捨，只能擦乾眼淚，抬起頭來。

從進醫院知道病情惡化，他清醒的把律師找來，在病房簽了所有的字，仔細安排我以後的生活，讓我有個沒有經濟壓力的晚年，現在我看到因經濟不景氣，沒有規劃而陷入困境的單身老人，慶幸自己沒嫁錯人。

這本我們四十多年幸福婚姻的記錄，沒請達官政要名人寫序，是本我們的書，我們愛的見証，別人不會也無法瞭解其中深遠流長，希望能帶給我的朋友們片刻的溫暖。

為紀念我老公志鵬，我唱他喜愛的一首歌「牽手」獻給他。

牽手

因為愛著你的愛　因為夢著你的夢

所以悲傷著你的悲傷　幸福著你的幸福

因為路過你的路　因為苦過你的苦

所以快樂著你的快樂　追逐著你的追逐

因為世界不敢停　因為沉默不敢行

　　　所以放心著你的沉默 去說服明天的命運
　　　沒有風雨躲得過　沒有坎坷不必走
　　　所以安心的牽你的手　不去說該不該回頭
　　　也許牽了手的手　今生不一定好走
　　　也許有可伴的路　今生還要更忙碌
　　　所以牽了手的手　來生還要一起走
　　　所以有了伴的路　沒有歲月可回頭
　　　所以有了伴的路　沒有歲月可回頭

　　鵬子，你走好等我來！

Petit mot pour papa de rosa

（描述爸爸的幾句話）

黃衣玄

Chinois: Papa de Jinsheng（爸爸的精神）

◎ penser aux autres

（替人著想）

◎ etre quelqu'un de bien

（做好人）

◎ rien de plus important que la famille et les amis

（看重家庭與朋友）

◎ notre famille s'est agrandie Ting, Jueming, Ximing

（辦家人來比）

◎ pas quelqu'un de conventionel, tres ouvert d'esprit – beau-fils plus qu'acceptes

（不保守、精神開放）

◎ il n'etait pas attache a ce qui etait materiel, pas besoin de beaucoup d'argent et d'avoir des positions. Il ne recherchait pas la reconnaissance, les positions mais preferait voyager,

（不重視金錢物資）

◎ le bonheur est en soi et on peut en créer autour de soi et on peut le partager et changer la vie des autres

（願與人分享、分擔快樂痛苦）

◎ Il va nous manque beaucoup mais cet esprit sera toujours avec nous ses filles et sa famille mais j'espere avec vous ses amis

（我們很想念他，他的精神永遠和全家人同在）

Français（法文）：

◎ Je n'ai pas prepare quelque chose de tres solennel mais simplement quelques mots sur papa. Sur ce qui lui tenait a cœur et le bonheur qu'il a reussi a créer autour de lui et a partager

（爸爸成功的和週圍的人分享他的快樂）

◎ un reve belge

（一個比國夢）

◎ toujours des amis chinois et belge

（很多中外朋友）

◎ Il voyait toujours grand, jamais limite dans la pensées et dans les possibilités

（眼光遠大思想不受限制）

◎ Il avait le courage et osait prendre des risques et investir dans l'avenir. Nous offrir un avenir

（有勇氣為我們的未來擔風險投下資本）

目錄

卷一　山水寄情

——黃三篇——

卷二　韶光荏苒

──鳳西篇──

卷一 山水寄情

黄三篇

1970夏，初訪英倫

　　1970遷居比京以後，我正式進入比京大學寫博士論文，女兒衣玄送進托兒所，我們就安排了婚後第一次旅行。因時間和經濟的考量，計劃去近一點的地方，而我的中國文化學院研究所校友——佟秉正兄在倫敦大學中文系擔任講師，夫人黃易是他的師大同班同學，他們在倫敦定居，我們通信已多年，所以就安排一趟倫敦之行，順道去拜訪他們。

　　當時去倫敦還得從奧斯搭乘渡船，穿越英倫海峽，要在船上過一夜，黎明破曉時，船便已到達Dover港。進港前看到有名的大峭壁，幾十公尺高的山像被刀切一樣，形成天然垂直岩石幾百公尺的峭壁，非常壯觀。下船搭火車到倫敦，秉正兄已為我們訂好旅館。

　　頭次來，充滿新奇興奮，秉正兄他們帶我們遊覽名勝。第一次看到左邊行車的馬路，第一次看到雙層公車，第一次看到騎警，耳邊聽到的是英國腔的英文，每次過馬路都要遲疑看左邊或右邊，而十字路口地上會寫著「請看右邊過馬路」。那麼多雄偉的建築物，寬大整齊的馬路，參觀了西敏寺、大笨鐘、大英博物館、倫敦塔、唐人街、歌劇院、蠟像館等名勝。

　　秉正夫妻，在英國混得不錯，他是英國倫敦大學講師，將來升副教授、教授是指日可待的事，加上性情溫和有禮，很適合做教書的工作，太太在圖書館上班，他鄉遇故知更是有談不

完的話，瞭解他們在英國居也大不易，競爭厲害，稅很重，英國是歐洲稅最高的國家之一。

　　文大政治系講師毛勤昌移民英國，在劍橋園區開飯店，我們也去拜訪了他。

　　順道在劍橋校區漫步瀏覽一番。

初遊西班牙

送走王虎夫婦的第二年——1972年暑假，我帶了一家四口南下，貫穿法國兩千公里，再沿地中海越過比利牛斯山到西班牙的巴塞隆納，向東穿過廣大的沙漠地帶，到馬德里回頭，全程八千公里。這部小福特並非千里名駒，相反地，它有先天的局限和後天的毛病，必須摸清它的脾氣，善為駕馭，也能攀山越嶺，立下汗馬功勞。我的駕駛格言是：「瞭解車子的性能，掌握路況和行程。一車在手，心平氣和，不急不躁，悠遊自如，樂在其中。」

鳳西早已習慣了旅行的準備工作，路線是二人研擬，費用我籌備，吃喝用物尤其是孩子的東西，這些細節由她處理。當天一早便上路直奔巴黎，從周邊取道南下，第一天在Beaune過夜。第二天過了Avignon沿著地中海，翻山越嶺一口氣開到巴沙隆納

（Barcelona）。從這裡東行就進入浩蕩的沙漠地帶，直到馬德里的一路上經過許多名勝古蹟。我們漫無目的，走走停停，發生頗多趣事。車行中，衣藍要大便、停車找廁所來不及，就鋪上報紙大在紙上，一時臭氣滿車，無處可逃。小紅車的外表和性能都不錯，在西班牙的公路上還滿搶眼，兩次被員警罰款，其中一次在高速公路上超速被警察攔住；另一次在海邊浴場被吊起要拖走，幸而我們及時趕到，罰款了事。

　　這趟旅程驚奇不少，實在令我印象深刻。

賽維亞（Sevilla）之行

衣藍唸的是建築系，大一是在台灣東海大學唸的，回到比利時後，進入這裡有名的建築學院La Camebre。大四時，在歐共體交換學生計劃下，到西班牙的賽維亞念最後一年。賽維亞是西班牙西南部的文化古城、有典型的建築風格、是學建築的人嚮往的地方。這個城市每年四月會舉辦盛大的宗教節，歌舞狂歡通宵達旦有連續十天之久。

四月是賽維亞市花──橘子花的開花季節，全市道路兩邊各種植了一排美麗的橘子樹，每年四月都開滿白色的花，風一

吹，香氣迎人，路上行人都會揚頭尋找香氣的來源。整個城市不僅充滿了花香，到處也都能看到白花隨風搖曳，彷彿到了桃花仙境一般。然而，等花開完結成橘子，就沒那麼可愛了，因為橘子是苦的，只能看不能吃。

1996年我們約了衣玄夫婦來看衣藍，他們從倫敦去，我們從布魯賽爾出發，飛到Sevilla會合，4月19日至26日

在賽維亞歡聚一周。
這時正是傳統宗教節
的時候，人人都穿著
多層次的美麗衣服跳
著西班牙舞，俊男美
女坐在著高大馬上，
在市區一排排的走

過，那一身鮮豔奪目的舞衣，真是好看。如果一家有三、五個
女人，光是置裝費可是一筆不小的開銷。

　　西班牙是很傳統的天主教國家，市內教堂林立，古色古香
的建築物很多，所以賽維亞大學建築系很有名。衣藍為我們訂
的家庭式旅館舒適方便，每天排滿節目。我們看了歌劇和鬥
牛，著名歌劇卡門的故事就發生在這裡，卡門做工的煙草工廠
現在改建為大學。這裡也是西班牙的工業重鎮，兩年前歐共體
的商展在這裡舉行，展覽館的建築華麗也成為旅遊景點。

　　此地一到晚上燈火通明，狂歡節目上場，人們皆穿上傳統
的服飾，女士們個個花枝招展、珠光寶氣，都是跳佛朗明哥舞
的好手。街上到處是音樂、遊行、跳舞、吃、喝、玩、樂，各
樣節目持續到天明才結束。

天山戈壁探親行

行程：
泰山—寧陽—濟南—烏魯木齊（天山）—敦煌—嘉裕關—酒泉
—張掖—武威—蘭州—深圳—香港—台灣

　　岳父郭岐將軍在大陸上的家人大部分在西北，在西北的家人又大部分集中在蘭州。只有四叔在北京落戶、大爺在蘭州、五叔、六叔都在蘭州；大姐鳳翔在山西祁縣、三哥鳳樑在甘肅民勤、四哥鳳棣在甘肅張掖。鳳棣四哥1997年胃癌開刀，復原情況很好但仍在掃描追蹤過程。我的構想是約鳳蘭去一趟西北探望郭府的親人和大病初癒的鳳棣，並穿插上我的故鄉之行。

　　1998年7月27日鳳西從布魯賽爾家中出發，到香港衣玄家停三天轉赴台北開會，期間住在鳳蘭家。8月13日二人同返香港再經深圳搭機到濟南。我於8月2日從布魯賽爾家中直飛北京，探望黃、郭兩家親故，三日後回到寧陽老家與各地同宗聚首。8月17日到泰安與鳳西、鳳蘭會合遊泰山、觀日出後轉赴濟南搭機，直飛烏魯木齊，開始天山戈壁探親訪勝之旅。

　　這個旅程的安排煞費苦心：要配合上鳳西的台北作協開會、泰安僑聯會的成立活動、西北各地郭府宗親的情況；至於我在故鄉的修譜訪舊以及觀察孫子輩的後起之秀這些活動，都需在鳳西二人到達前完成。

　　一切照預定計劃進行，我先到寧陽看過近門的幾家族人，並去添福莊上過墳，接著就到泰安與鳳西等會合參加泰安市的節目。新民夫婦也回去了，也參加了泰安市的交流活動。期間曾和山東省僑辦李傳增處長談到我們去西北的計劃，他很熱心替我們三人安排了行程，濟南停兩天，8月22日直飛烏魯木齊。

　　烏魯木齊是新疆的首都、西北重鎮，人口二百多萬，城市正在急速地現代化，從機場到市區的五十公里高速公路剛剛啟用，比北京的機場高速道還好，完全有國際高速公路的標準。一出機場，新疆旅行社的導遊江濤就迎上來，把我們直接送到賓館，為了爭取時間，下午就上了天山，遊了天池。

　　第二天遊覽市區名勝，第三天8月24日一早搭新疆航空班機九十分鐘到敦煌，當時是由鳳棣的學生馮醫生來接，鳳棣夫婦從張掖乘公路客車趕來，還在途中。原來他們搭的那班夜車中途拋錨，擠上下一班，兩部車上的人塞進一部車裡，走了十幾個小時，其辛苦可想而知。我們住進賓館也給鳳棣訂好房間，不久他們也到了。

　　在敦煌遊覽了鳴沙山，參觀了莫高窟，逛了夜市之後，馮醫生接頭替我們包一部Land Rover，他們稱之為子彈車，乘坐起來寬敞舒適。反走河西走廊，一望無垠的曠野，風沙驕陽與斷續的長城遺址，是這一路的景觀。村鎮的路邊擺滿了水果攤，最多的是哈蜜瓜。

牵手天下行

　　第一站到嘉裕關住下，從敦煌到這有380公里，卻是劣質的長途公路，前一天這條路上還發生了震驚台灣的大車禍：一部採石車與台灣旅行團的客車迎面撞上，左側靠窗的一行七人當場死亡，多人受傷。嘉裕關的醫院也有鳳樑的學生，原準備好接待我們，但當下正為車禍的事忙著。

　　嘉裕關是西北長城上的重鎮，關是城堡式的四方建築，端莊古樸，我們在一家鄉鎮客棧過夜，第二天一早上路，過酒泉，午後到達張掖。

　　鳳樑哥嫂、郭靖夫婦在賓館迎候。

　　張掖有不少文化古蹟，參觀了大佛寺、萬壽木塔、石窟等重點古建築，也光顧了新式的飯店歌廳，以及街頭小吃。有一天晚上吃涮羊肉，樓上有卡啦OK，大家唱歌跳舞，都有點看家本領，尤其鳳樑夫婦竟是舞林高手。

　　之後，乘軟臥夜車去蘭州，他們依依不捨送我們上車。車經武威，這裡是保民的出生地。上午到蘭州，九妹一家人在車站迎接。

　　九妹是我二舅的么女，兩個表弟的姐姐，分手時她不到十歲，這是第一次重逢。她也六十開外，氣色很好，帶了兒子和媳婦，這對夫妻很俐落，企業的領導，開車帶我們暢遊了蘭州名勝。

　　郭府的宗親這裡是大本營，在六叔家聚會到了二三十人，沒有兒童，第二代的兒子媳婦、女兒女婿、個個氣宇不凡。大都受過高等教育，有專業專職，看來人是品質為重，是人才在那裡都能出頭天。

埃及文化的再認識
——二十年後重遊尼羅河的感想

　　1978年夏天，我們一家四口曾去埃及旅行十天，那一次主
要的是參觀開羅一帶的名勝古蹟，然後乘火車南下，也到了魯
克梭爾（Luxor）和阿斯旺（Aswan）。日子過得好快，二十多
年竟像轉眼之間，如今孩子們都已長大成人、各奔東西；而我
們也從繁囂中走入平靜，趁一切情況仍有餘裕的時候，2000年
再一次舊地重遊，再瞻仰一次古埃及的文明，真是何其有幸！
出發前心裡充滿了喜悅，不停地感謝上天的恩寵。

1978年埃及行——鳳西和二個女兒

　　埃及文化與其他民族相比是早熟的，他們就好像從別的星球上來到，帶著他們已有的智慧和經驗，把沙漠中的尼羅河兩岸變成肥沃的人間天堂。現代的科學家們還不能完全了解，在那個還沒有鐵器的時代，他們如何能夠建成那麼偉大的工程。像開羅郊外的金字塔，魯克梭爾的卡奈克爾寺，阿斯旺以南的阿布聖拜耳，這些建築的年代在紀元前三千到一千二百年之間，由於使用的材料耐久，製作的技巧高超，再加上得天獨厚的乾燥環境，所以能保存至今，而有了現在的面貌。這些工程的雄偉之處，令人覺得仰之彌高。設想在他們那個年代居然就能對整體工程的設計，對地質天時的了解，對材料的開採與運送，對人力的動員與組織加以融合運用，並順利推動完成每個偉大工程，如此的智慧實在令人讚嘆。如果我們再從藝術的觀點來看，這些古建築的整體之美、結構之美；配屬的物件製作之美、雕塑之美、繪畫之美，在在呈現了古埃及人的藝術才華，就更叫人嘆為觀止。

　　歷史學者常能証明這一類的文化遺產是專制社會中掌權者強迫奴隸們去完成的，社會主義的歷史學家把這樣的社會稱為奴隸社會。可是研究埃及文化的學者，卻更強調古埃及人之所以善於利用工具、獸力、水利與人力調動，主要是建立在一種眾志成城、上下一心的氣勢下，才能把那麼艱巨而精緻的工作做得如此完美無缺。

　　開羅近郊的金字塔（Khéops）是古帝國時期第三個王朝（BC2780）修建的，用了二百二十五萬多塊一立方公尺大小的石頭砌成，塔高一百四十六公尺，至今巍巍地屹立在沙漠中的地平線上。它修建的年代約是我們的三皇五帝時期，我們的祖

先在那個時代所留下來器物遺址本來就很少見，建築物更不必說了，無法與古埃及相提並論。

　　記得二十年前第一次遊罷埃及，在回程的飛機上曾興浩嘆古埃及人的聰明睿智，創造出那麼先進的文化。而這次重遊的旅程中，每天卻是面對熙熙攘攘，貪懶無志的埃及人，文化差異之大，怎不令人懷疑這兩代埃及人間到底有沒有關連？二十年過去了，這個國家在物質文明方面有了不少進步；而社會風氣、人民的習性，卻依然如故；這裡仍然是最多人向你伸手討錢的地方，在這裡的任何交易你都不能確定自己沒有上當。

　　其實，一點也不假，現代的埃及人就是當年法老王的後裔。他們屬於同一族類，有同樣的髮膚和形貌，所不同的只是精神和氣質而已。社會風氣、人民習性、精神氣質，這些屬性、內涵和品質，都是可變的，原來好的可以變壞，壞的也可以變好，而且根本不需要幾個世代的時間。二十年前遊埃及歸來，老伴鳳西寫了一篇遊記，在文章結尾時感嘆現在的埃及人和幾千年前的埃及人有多麼大的差別，懷疑這兩代人之間有沒有關連；這次重遊更加深了這種感慨。

　　近代有史前文明之說，認為在冥冥的宇宙歷史長河中，人類有多次的文明，多次的毀滅，一次毀滅之後，只有少數人活下來，過著原始生活，又逐漸繁衍出新的人類，進入新的文明，然後又走向毀滅，所以石器時代也不是一個時期，有過多次石器時代。在這個地球上不同時期的人，留下不同時期的文明，下面列舉了許多例證，說明考古學家無法解釋的許多發現，是我們人類本次文明以前的文明遺產。

　　例如，他們認為金字塔跟現在的埃及人根本就沒有關係，那是在史前那麼一次文明當中造的，那個金字塔在後來在一次

地殼變動時沉到水裡去了。在第二次文明將要出現造就新大陸的時候，它又從水底升上來了。原來建造它的那批人早就不存在了，後來又有了現在的埃及人。埃及人發現了這種金字塔的功能之後，又模仿建造出一些小的金字塔，所以金字塔有新造的，有古老的，弄得現代人也無法弄清到底是什麼時期的了，歷史都被搞亂了。針對人類的文明與宇宙的奧秘，這個角度提供了另一種新的探索與思考方向。

夫妻重遊埃及

柬埔塞之旅

　　柬埔塞亦稱高棉，十九世紀後期是法國的殖民地，二次大戰期間日軍佔領，戰後各方勢力衝軋：美、法、英、中共、越共、泰等國都介入衝突。七十年代地方武力赤棉（Khmer Rouge）逐漸得勢，1975年攻下金邊，宣稱為人民帶來和平，但此後的四年中，人民慘遭蹂躪，據估計有三百萬人被殺戮。這個殘酷的經過，是一個高棉記者的親身見證，美國人曾拍成電影叫做「殺人場（Killing Field）」，我們也看過這部片子。

　　赤棉的頭子Pol Pot創造了一套制度，他要重新改造社會，要每個人都下田工作，嚴密地控制個人的一切，受過教育的人被視為人民的公敵，一律關進集中營加以酷刑折磨至死。

　　我們於2001年12月26-30日安排了四天的柬埔塞之旅。從香港搭機三小時到達金邊，第一個節目就是參觀郊外的一個集中營廢墟。從大路上轉入集中營的岔路時，一個醒目的路牌寫著「毛澤東大道」。

　　這裡原來是一所學校的舊址，赤棉改作牢房，經常關押五千多人，有教師、醫生、工程師、音樂家、學生和他們的家人。有個別的小囚房，也有集體的大倉房；陳列著當時的刑具，有圖像和說明描述當時的殘酷景象，真是人間地獄。附近的田野中有許多萬人坑，埋葬著那些受盡酷刑的肢體，頭顱堆成小山。

　　Pol Pot有些靈感來自毛澤東思想：他要為人民改造社會，要所有人民都下田勞動、極端仇視知識分子。他青出於藍更勝於藍，創造了這麼重大的罪惡。看了這個展覽，再回想老家的親故在各種運動中遭受的磨難，那還是幸運的了。

吳哥窟 Angkor

　　金邊西北約三百公里到吳哥文化遺址。這個古蹟始建於九世紀，分佈在大約五十平方公里的叢林中。吳哥王朝在十一世紀稱雄於中南半島，國勢輝煌鼎盛，創造了燦爛的文化。十五世紀以後國勢衰敗，古蹟也淹沒於茫茫的叢林之中，到了十九世紀中葉被法國人發現才弘揚於世。這個古蹟在赤棉禍亂的年代略遭毀損，但大體完整，現在已被聯合國列為人類文明史蹟，作為重點保護。

歐洲華僑聯誼會的西葡之旅

　　2004年的歐華年會在西班牙舉行，我們是元老級會員，但近年較少出席。歲月流轉，轉眼間到了第三十屆會期，各方面情況適宜，便邀了侄兒新民夫婦同行，此次不僅參加了馬德里的大會，也參加了會後的葡萄牙旅遊。

　　台灣民進黨執政後沿襲舊制爭取華僑支持，僑務委員長張富美親自出馬與會，她和大陸工作委員會的陳處長二人分別作

專題演講，說明台海情勢、國家政策、未來展望，內容很有說服力。

這是歐洲華人的盛會，許多相關組織也藉機開會，中山學會搶先一天召開，我與主席王鼎熹夫婦是老交情，一下飛機便去捧場。

第二天8月7日是正式會期，整天議程排得滿滿，非常緊湊，幸而都在旅館進行。五星級飯店的早餐特別豐富，中餐與晚餐則分別由僑委會和外交部在旅館西餐廳宴請大家。

第三天8月8日，大會招待到西班牙最大的景點塞哥維亞（Segovia）旅遊。塞哥維亞的引水橋建於公元二世紀初，全長十七公里，不採用一般泥漿塗抹，而是利用附近盛產的花崗岩堆疊而成，真是巧奪天工。在羅馬時代它供應當地居民的飲水，期間曾遭破壞，幾經維修，迄今擔負著供水的功能。水道橋大部分是以雙層拱門支撐，共有166個拱門，從最低的谷底距橋面約28公尺，相當於八層高樓的建築，而羅馬人只用了兩層拱門支撐。（註：關於塞哥維亞的歷史背景介紹引用自大會手冊。）

葡萄牙文化之旅

第四天8月9日星期一，早餐後便上車開始了四天三夜的葡國之旅。導遊林一生女士有很高的專業水平，中西語文流暢自如，解

說詳盡、服務熱誠周到。車向西南行約三百公里到卡塞雷斯
（Caceres），這是西國的重點文物城，保有最完整的中世紀
建築。好萊塢的導演們經常在此城拍片，「羅密歐和朱麗葉」
就是在這裡取景拍攝。

　　西班牙此時應該是乾熱季節，但我們帶來了陣雨，農
民求之不得。在卡塞雷斯午餐後下行約五十公里到楚西尤
（Trujillo），這個城池是凱撒大帝所建，許多征服者在這裡出
世。過了楚西尤，我們就直奔里斯本，入住四星級飯店。

　　第五日8月10日，里斯本市內觀光，下午參觀外圍景點：
貝倫塔（Torre of Bellem）、小魚村Cascais、歐洲最大賭場
Estoril、歐洲最西角Cabo de Roca。

　　第六日8月11日從里斯本往北經過小魚村Nazar，朝拜聖母
顯靈之地 Fatima，據說1961年有三個兒童在這裡看到聖母，他
們分別是Francisco、Jacinta 和 Lucia（還活著）。聖母講了三個
預言：教宗共產解體、顯靈的事經過教庭反覆考證確定，這個

地方成為聖地，每天有成千上萬的朝拜者，許多人從遠處跪著爬行而來。

第七日結束葡萄牙之旅，回程參觀羅馬人留下的最輝煌古蹟Merida，現代歌舞迄今仍經常在這座宏偉的露天歌劇院上演。這裡是考古家的聖地，進場門票五歐元，不看太可惜。

七點半回到馬德里，這是最後一夜，莫老要為我們餞行，一進旅館他已在大廳等候，帶我們到市中心最大的中國飯店「地中海」吃飯唱歌，他還邀了王委員夫婦，滿滿一大桌山珍海味，比國的飯店做不出來，這餐一定所費不貲。

籌備會的工作做得盡善盡美、合作無間，從一份文件及一件飾物都可看出投注的心力。

神州大陸文學之旅

一、緣起

　　山東大學在其威海分校舉辦「第13屆世界華文國際研討會」，我們應邀前往與會。這個研討會兩年一次，上一屆是上海復旦大學承辦，這一次輪到山東大學，他們全力以赴，辦得有聲有色，非常成功。

二、故人的照顧

　　2004年9月16日，我們由比京搭芬蘭航班出發，翌日清晨到北京，直接轉機到濟南。先回寧陽住五天，惠玲讓出他們四中的房子，我們先去添福上墳，並進入住過的老房子。這一路受到文友桑新華的照顧，與她論交是八十年代的事，讀了她的《天門聽風》，心儀其為人。那時母親尚在，每次返鄉探親總要共謀一會，沒想到她後來做了大官（泰安市教育局長黨委書記），但仍不忘故人，派她的秘書王亮一路密切聯繫。濟南下機後原擬請紅英接機，經與王秘書商洽，改由他們接機並直接去酒店參加桑局長的午宴，紅英亦在酒店與我們相會。原來桑局長要全力應對教育部的檢查業務，百忙中只能在此時一見。

飯後，紅英為我們訂了老幹部特約賓館住下，晚上去她家看她父母──馬大哥和燕秋姊。照例吃家常飯，氣氛非常歡洽。我們和這家人也有深厚的友誼，燕秋是我縣中同班，馬委員是學者，大夥一見如故，紅英是他們的么女，資質聰敏，和老舅（我）最投合。馬大哥不上館子，每次來他們家吃飯都是由他下廚。

第二天中午邀黃恆夫婦在賓館附近吃中飯，綺霞外出旅遊未能一起來，四個人大吃一頓只花了95元，原本給100元要店家不用找了，卻碰了釘子，他們不收小費。下午桑局長安排一位實業界的劉先生開他的豪華座車，從濟南走山村小路沿水庫到泰安賓館與宋有茲等舊識餐敍。主陪是教育局的張副局長（肥城人），他做過寧陽蔣集鎮的地方官，對汶南黃氏的歷史有特別了解，說來頭頭是道，這都是桑局長的細心安排。飯後原車送到寧陽四中，一路與劉君聊天，臨別他留下手機號碼，說如有需要可打電話。惠玲已準備好住處，妹妹和妹夫也到了。

三、覺民的回歸

覺民五年沒回過寧陽，可是他母親和妹妹都生活在這裡，她們不知道他的真實情況，我對他很不諒解。他聽說我們回來，便一路和鳳西通話，希望我們回程繞道看看他新安頓的家。鳳西藉此機會勸他先回寧陽看看，沒想到他真的回來了，這對弟妹（他母親）而言，真是天大的喜事，都歸鳳西的功勞。當晚家人團聚，在我們住的房裡聚餐，一大桌可口的菜餚，包括妹妹帶來的甲魚和螃蟹。席間我痛數覺民的不是，並要他把兩個孩子帶出天津，為他母親出了一口悶氣。

四、添福莊的「黃氏德行碑」

9月18日，惠玲安排大家去添福上墳並勘察辛亥年黃氏宗親立的德行碑。早在去年（2003年）五月，昌雷來信詳述這塊碑的來由，並做了錄像。說兩年前村子裡來了個算命的老太，有個村民常年生病找她算算，她說村東頭有塊黃家的德行碑埋在地下，你把它挖出立起來，病自然會好。此人果然找到這塊碑，並經她指點也找到了碑帽，就把它立起來，之後他的病真的好了。

我們大家給父母與四弟上了墳就到東門外看這塊碑，很壯觀的一塊碑，約三米高，一米寬，半米厚，豎立得很穩固；昌雷說立碑的人希望把他重建的費用一千元償還他，我叫覺民付給他，這個錢花得心安理得。

看完碑再去看老宅子，那棟樓房完整無缺，前面學

屋院的家祠也挺立在那裏，這棟樓房我們一家人都住過，撥開荒草鑽進屋裡，四壁還是乾燥的，一時前塵往事盡入眼前。

從老房子走出來遇到許多族人：啟福大哥的二子瑞昌夫婦、他們是照顧他父親晚年的，還有啟彤大哥的女兒等人。蔣集鎮地方政府為我們準備了兩桌地方菜餚，包括了玉米、花生、紅薯等新上市的土產，這都是桑主任幕後安排。

鳳西的眼睛忽然腫了，可能碰到什麼，半邊臉也腫了，看了醫生，服了抗敏感藥，她非常急躁，一直說「這怎麼上台？」，我勸她耐心，到了威海就完全好了。

在寧陽縣城看過大嫂，凱凱又長高了，他是一中畢業班，兩星期才有一天假。我們還去鄒縣看過二嫂一家，杰民擺了一大桌酒席，婀娜一家也都到了。五天轉眼而過，9月21日僑辦派車送我們到濟南搭長途客運去威海報到。在長途汽車站等車一個多小時，乘機打電話給綺霞來車站見了一面。

五、威海的文學之會

長途空調客車很舒服，車行六小時後在最靠近會場的一站下車，再花十元坐出租車到會場報到，麥勝梅夫婦已經到了。山東大學的學術中心竟是一座豪華的五星級飯店，入住後稍微休息便到晚餐時間，自助餐非常豐

富可口，飯後出門散步，走幾步就是海邊。細白的沙灘，碧綠的海水，真是理想的度假盛地，完全符合歐洲人的標準。

大會的主題是「多元文化語境中的華文文學」，第二天早餐後大會開幕，從專題演講中可以看出會議的內涵和與會者的陣容。

第一場是福建社科院文學所的研究員劉登翰先生，講題是「世界華文文學的存在形態與運動方式」。

第二場是美國加州大學的葉維廉教授，題目是「異花受精的繁殖—華裔文學中文化對話的張力」。

第三場復旦大學中文系教授陳思和，講題是關於華文文學學科建設的幾點思考。

第四場是美國南加州大學比較文學系教授張錯，題目「離散與重合—華文文學內涵探索」。

第五場是中國社科院文學所研究員黎湘萍，講題「經典化、文學史、文化政治」。

場場都精彩，總的說他們是要建立一個新的文學體系，把海外人的華文寫作提升到一個獨立的地位。之後兩天的討論都

是圍繞著這一命題申論。這些宏論已經刊登在山東文藝出版社印行的「會議論文集」。

　　許多提了論文的學者在大會上未得到上台的機會，到了第三天分會場討論，他們仍把論文拿來宣讀，往往佔用了別人的時間。我被分配到第四分會場，這個會場的議題明明寫著「華文文學史（文體、國別、地區）及其敘事策略」。我是最後一個發言人，前面的六位只有一人的發言內容符合議題，輪到我上台就特別提出「尊重議題」和「把握時間」兩點，以下是發言摘要：

　　比利時是天主教國家、西歐的一個文明小國，與中國有悠久的交往歷史，早年遊學比國的人士寫過許多描述比國的文章，但真正具有「華文文學」屬性的作品應該是六十年代以後的事，以下介紹幾個作家：

　　第一個是王鎮國，他留學義大利，落根比利時，終老在比利時。六十年代他在台灣的報刊上發表了許多散文，深受青年人的喜愛，文星書局為他出版了一本專集。之後他供職中華民國駐比大使館任新聞專員繼續在海內外發表作品。

　　第二個要介紹的是大家熟知的席慕蓉，六十年代初她留學比國，寫了許多留學生散文，回台後繼續創作，聲名雀起，但已逐漸脫離了「華文文學」的範疇。

　　現在來介紹一個我所熟知的作者並進一步分析她的作品，就是郭鳳西：六十年代她經常在中副上投稿，〈泰山老奶奶〉寫一個淪落天涯的遊子三十年後匍匐在老母的膝前。這篇文章真情感人，在中副發表，並收錄在世華叢書之五「旅比書簡」裡。世華的主編符兆祥先生因有相同的背景，此篇文章讓他大哭一場。

〈錢姑媽、貝蘭芝夫人〉寫一個十多歲的小留學生在比利時落根，一生傳奇的故事。這篇文章曾獲中央日報報導文學獎，故事還被改編為電影，就是北京電視台推出的「蓋世太保槍口下的中國女人」。鳳西的作品都有真實的背景，寫來投入自己的感情，敘事動人，文字洗煉。

其實比利時目前真正稱得上「作家」的只有一人，他就是章平。七十年代初他從故鄉青田移居荷蘭再轉來比國定居，也從中國帶來成熟的寫作技巧和充沛的寫作熱情。他在繁忙的日常工作中不停地創作：寫詩、寫散文、寫小說、長篇短篇都有。他得過詩歌和小說大獎，近作二十餘種不勝枚舉。昨天的專題演講中有人提到「華文文學」的傳承問題，以章平為例，我認為優秀的作家會源源而來，危機是土生華裔的文化傳承問題、華僑子弟的中文教育問題。

這個會議的總設計師是黃萬華教授，每一個與會者都由他親自聯繫，三天會期他幾乎沒出現過，最後的惜別宴他出來了，我們有幸坐在一桌，同桌還有名作家嚴歌苓。

威海會後，侄女婀娜的兒媳薛文娟來看我們，她是威海的地頭蛇，在市中心商場開美容院，他邀了一位有車的朋友帶我們逛名勝、購物、吃海鮮。

9月25日，我們和勝梅家聯合租一部旅行車開去青島，司機替我們找了間非常理想的旅館，條件好且價錢公道，是市政府經營的府新大廈，有上千個房間。接待組三個年輕女孩機智靈敏，任何問題都應答得體。我們在青島參加旅遊，遇到一個天才導遊，口若懸河、機智百出而言之有物，跟她遊了嶗山。

六、八達嶺的饗宴

　　9月27日搭機去北京參加另一文學之會，中午到北京機場遇到各地來的代表，包括台灣來的符兆祥先生。有人來接機，我們上了大巴士直開八達嶺。這個會的全名是「全球百國華文作家長城手拉手團結、和平、友誼大會」，是由香港亞洲文化藝術館和長城八達嶺特區聯合主辦的。會場在八達嶺的金色假日酒店，提供受邀的百名作家免費往返的機票、食宿。與會的佳賓有美國來的陳香梅、台灣來的名詩人余光中等人。

　　9月28日，大會開幕後是連場的表演娛樂節目，這天也是中秋節，晚上在八達嶺山上賞月，天氣相當冷，大會設想周密，每人致贈棉製衛生衣禦寒。9月29日研討會主辦人陳艷樺報告三年籌辦之經過及展望，最後合影閉幕。

　　八達嶺之會是一場文化的饗宴，與山東大學的文學盛會各擅勝場。

　　八達嶺會後，符先生為大家安排了一家在月壇西街的旅館作退路，搬進去發現條件不好，而友人許家結預定的朝陽區的華潤飯店價錢稍高但住宿條件好，於是大家都轉搬過去。有一位夏威夷來的陳洪鋼先生帶了他不良於行的夫人，八達嶺上我幫他們戴過花，引為知己，原本他們已經安頓在月壇的旅館，

但大家都走了留下他們不好，我堅持把他們帶到華潤，遷來華潤的還有詩人鄭愁予。

在華潤我邀了孫渭來敍，他是孫沂的弟弟，有很好的文學根底，成為孫沂修家史的一大助手。

我也會晤了仲瀛的老叔龔一洶，六十年前的舊識，寧陽縣中他比我們高一班，很有才氣，解放後他考進北京農業學院，終身服務農業界而不涉政治，受人敬重，退休後研發並申請一種氣筆護專利。天生我才必有用，才華是埋沒不了的。

鳳西聯絡上開杰也來華潤一聚，他依然春風得意，預定十一月來比開會，我們得為他辦一個老魯汶聚會。

清史編纂委員會——四叔親自把我的《黃氏源流》初稿交到這個委員會，並告知我會在國慶前去拜訪他們。我和他們相

約10月30日午前到他們海淀區中關村大街的新建地點。聯絡人是董建中先生（年輕人接待過四叔）和領導許老師，他們相當慎重與客氣，對於贈送的油畫像和致港督的信函很重視，發給一份捐贈的感謝証書。

　　10月1日是中國國慶日，早就與四叔約好去看他。這天帶了麗梅一起，她帶了許多禮物，丁丁和秋來都到了，黃易主廚做了一大桌海鮮，吃得杯盤狼藉。

七、國寶級藝人的歡宴

　　鳳西與說唱藝人聯絡，他們正等得心急，這些國寶級演員去年在傅維新先生安排下來歐洲巡迴演出，鳳西幫忙接待，和

他們結緣，這次到北京他們早接到傅先生的通知，準備好歡迎，他們選了個名廚酒店還帶了重禮。勝梅和家結一起參加了歡宴。

八、飛躍的上海

10月5日星期二到上海，英川夫婦親自接機，他們這幾年真發了，英川是工大的副校長兼資訊預測學院院長，附屬公司董事長，恩多是上海中科院院士，女科學家協會主委。兩人為要展示上海的先進，帶我們坐磁浮飛車到徐家匯，在那邊替我們訂好建工錦江酒店，舒適方便。

英川是七十年代初第一批來比留學的研究生，和他同來的有溫仲元、楊育中、王嘉璽等人，老于是曲阜二師來的老鄉，因此特別親近。他學成後先回曲師服務，再轉到上海，夫妻團聚。他們有一個獨子，學業當然不錯，現在加拿大攻讀。王恩多是學生化的，和法國有合作項目，經常去法國 Strasboourg 研究。英川也建立了許多國外的合作管道，經常跑來歐洲，我在比利時為他們做了些聯繫工作，1995年衣玄的市政府公證婚禮他正好趕上，他們很看重這份友誼。

九、病榻上的沙耆

沙耆躺在病床上，本已不醒人事、奄奄一息，聽見有人講法文忽然睜大了眼睛。我們一到上海就和他兒子沙天行聯絡，他帶鳳西去看了沙耆。沙天行是上海成功的建築商，他的現任夫人是鋼琴家，兩人都是第二春，但配合的很好。住房是浦東

標準的洋房，內部裝璜也很考究，壁畫都是他父親的精品，他有個兒子也做建築，義燦的房子那一帶的社區還是他興建的。越劇班子對沙耆的故事有興趣，他們希望把這個天才畫家搬上舞台，沙天行原本不同意，經過溝通他把鳳西的手機號給了他們，那是同意了。一天有人來飯店求見，竟然是越劇大師趙志剛，他有那篇文章，問了些細節，預定明年四月在上海首演。

十、上海的吃喝旅遊

據說今年的大閘蟹特別肥，上海才是大閘蟹們的老家，在上海多次吃上好的大閘蟹，此外徐家匯超市的小吃城，山珍海味的小吃應有盡有，好吃又便宜，鳳西路熟，常往那裡去。一天，和同桌的一對年輕人聊天，他們請我們吃糖炒栗子，還說希望老了也能像我們一樣，我們環顧四周並無一個老人啊！10月9日參加了同里和周莊的一日遊。

十一、最豐盛的一天

衣玄到上海出差，和我們在上海歡聚；義璨要來上海接待他八十多歲的老友，所以提前兩天來安排，也與我們相約，這兩個聚會都安排在同一天。衣玄上午十點從機場打電話來，約好先來看我們，大夥一起吃中飯。鳳西訂了英川接風的幗國飯店，點了上好的大閘蟹、幾樣小菜和一鍋高湯，吃得不亦樂乎。飯後陪衣玄去買高爾夫球竿，再到她的旅館游泳。我們一路住豪華旅館已經十分闊綽，到了衣玄住的酒店才發現沒得比。我們趕著游了400M，又趕赴義燦的約會，他已等在那裏，

一同搭車到他上海的家園 Villa Olinpic。環境清幽，房子的建構
非常講究，格調和材料都是上等，他已經擺設了家具，儼然一
個溫暖的住戶。他請我們吃湖南館，菜餚精緻，辣得過癮，對
了鳳西的胃口，飯後又去做足部按摩，義燦不停地說琿如會喜
歡這個、喜歡那個。村子的交通車每小時一趟，我們搭最後一
班回來，真是豐盛的一天。

十二、陰溝裡翻船

　　曉明曾給我們一張行程表，上海回比京的時間是15:30。
我頭一天確認得到的回覆是飛機起飛前二小時到機場就好，我
就沒多問一句二小時前是幾點？曉明這張表後來改過了，當然
就以機票上的時間為準。衣玄有個特約司機老徐，按時開車送
我們到了機場。到那查詢飛行牌上沒這班飛機，看了機票才發
現錯誤，打電話給芬航，幸而第二天有空位可以補上，已算萬
幸，而且乘客有權改一次時間不必加費用，我們把行李寄存機
場，在附近找個旅館過夜。

　　我選了個靠機場最近的小旅館，鳳西一住入就後悔不該圖
便宜，應住四百的，要求退換，我堅持既來之則安之，反正只
湊和一夜，不過十幾個鐘點。她要去買書、買水果，旅館餐廳
有魚蝦，晚餐點了鯰魚湯、炒子雞、醬茄子、清川活蝦，飽餐
一頓，飯菜只花了八十元，想不到浦東機場十里之遙竟有這樣
一個落後的鄉村。第二天回機場順利登機，回程十小時，芬航
的飛機和服務很有水平，飲食可口，頓頓吃光。赫爾辛基轉機
很匆忙，一口氣就上了飛比京的班機，行李也轉上飛機，比京
下機，雖然轉來轉去上上下下才到行李台，但我們馬上就看見行

李了。一出關口，看見衣藍抱著嫣然已等在那裏，我們將四件大行李都裝進她的小車，十分鐘不到就回到家中。

　　這次遠行共計27日，7次上下飛機，8次更換住所和旅館，一路平順，只出過一次失誤，連丟掉的手機也找了回來。二人一路磨蹭，爭執不斷，但每到關鍵時刻便想到這就是磨練，提高心性的良機，哄著鳳西一點，乃能圓滿，感謝上蒼，阿彌陀佛。

美西之行

　　美國西部已經來過不計其數，上次來是2004年，至今已經三年多，這次是來參加兩個婚禮，實際上不過是覺得各方面都順適、抓住夕陽餘暉，多玩玩而已；同行的還有好友賀惠珠，她也是受了兩家的邀請。

　　這些年旅遊的事都是鳳西主導，二人先決定大綱，她安排細節，敲定了照計劃行事。

一、泛美班機上的插曲

　　比利時的Sabena與AA合作，從布魯賽爾直飛芝加哥，轉國內線到舊金山，行李直掛舊金山。波音767座位小、空間少，兩側靠窗為二人座、中間是三人座，旅客塞得滿滿；我們找到尾部中排的位置時，我中間的座位上攤滿了右鄰一位美國太太的東西，她正忙著把一件大行李放到對面的行李架上，飛機起飛了，好不容易等她回到自己的座位，理清了我的位子讓我坐下，我的手提行李只有一個小包剛放在腳下坐定，她又開始翻箱倒櫃，驚慌失措地宣稱護照不見了，空勤人員趕來了解情況。她進機艙時手持護照放好行李就不見了，遍尋不著，一定是丟在附近，於是大家幫忙尋找。她曾把東西堆在我座位上，因此護照掉在座位上的可能性最大，我的椅子拆下來剝了皮也

沒找到;她自己的手提行李翻了又翻,就是沒有,讓她急得滿頭大汗。

這是一個五十歲上下的胖太太,加州人,名叫Leah Whitling,在比國安特衛埠工作四年,退休回國,家中有三個孫兒女等她回來,難為她帶了許多行李。她繼續不停地翻查,把一本旅途消遣五六百頁的小說也翻了幾遍;她帶的東西多又沒條理,正是和鳳西完全相反的一種人,鳳西凡事整齊而規律,手提行李總是輕爽方便。我不停地為她思索:既然她的東西曾堆滿了我的座位,護照會不會也滑到鳳西那邊去,於是我叫鳳西把她的椅子也拆開來剝皮,不料竟就在那裏,一時全場歡呼,她高興地流淚。

鳳西找東西有一套本事,在家東西不見了常靠她的靈感找回來,這件事一開始我就冥冥中想過「也許她會發揮她的潛能」。美國太太當時驚慌失措,趴在地下到處亂抓,看起來又笨又醜,直到東西找著了便喜笑顏開,看起來也順眼了,談起來也悅耳了。泛美國際線上的服務還是挺不錯的,兩餐伙食滿好,加上這一場鬧劇,更忘不了。

二、芝加哥轉機、保民的華廈

芝加哥機場大,複雜的轉機路線並未難倒我們。取出行李後,搭機場電車順利找到轉機口,又要通過安全檢查,再把行李交轉,才走去登機門。國內線飛機更小,機上只供飲料,三小時很快就到了目的地,保民已在機場門口等著。鳳西告訴他SN的號碼,沒加上其後AA的編號,害他查不出這班飛機。他

懷著碰運氣的心情來接機，幸而碰對了。當時只差鳳西的行李未能一併轉來，直到第二天才送到家裡。

　　我們已住過多次保民在Cupertino的這棟房子，最早來時孩子們還小：衣玄比郭沁Jinny大三個月，衣藍比郭淬Tricia大五歲，表姐妹四個很投合，後來又跟爺爺來住過多次。他們這棟房子多次裝修改建，房子面積大、地段好、這裡的房價最貴。為了歡迎我們的到來，保民費心思在院子種花植草，新裝了廚房餐廳。保民無所不能，他是公司的電腦檢修師，常出差去國外為客戶檢修機器；家中的各種裝修工作大都自己來，對各種機器零件配備包括車輛皆瞭如指掌，真叫我羨慕不已。他們那一對孔雀別來無恙，保民為牠們設計的那個家也是天才之作，一棵參天的胡椒樹上架起一個不規則的大籠子，裡面的空間寬

敵，包括了一部分樹幹，孔氏夫婦可以在地上散步、樹上棲息，孔先生一時高興展開羽翼來個開屏，不勝得意。

三、天府之國、幸運的華人

　　第二天星期六6月16日，邀了陳耀鴻夫婦去吃永和豆漿，Cupertino這一區就有三個華人超市，吃的用的無所不有。陳太太搶著排隊點菜，菜餚熱騰騰地端到桌上，花樣豐富且賞心悅目，各種小吃比台灣還齊全。陳太太薛弘美的母親八十五歲了仍非常建康，興致好，聊了很多話題，她看了鳳西的《旅比書簡》並談到一些內容，她和蔡政文有交情，蔡教授常打電話問候，看到她八十五高齡的健康情況，對自己的生命規劃要略作推後的調整。餐後去陳家小坐，房舍高雅庭院寬敞。2002年春，應敏儀之邀，三個家庭去西班牙度假，轉眼五年，耀宏到了退休的時候，可是他還精力旺盛，正籌劃投資大陸。

四、港式飲茶──王朝

　　晚上大女兒Jinny在「王朝」訂好位置請吃晚餐，這家餐廳在中國超市門前，正廳有喜事被人包了，其他還有許多大廳和單間，我們排號入座花了不少時間。餐廳菜餚之美味與齊全

在港台也算上等，最叫我難忘的是炸芋餃，非常酥脆。郭沁Jimmy的先生Christ，中文名字「莫彩蛋」，非常精明，電腦工程師且擅長雙管；Jinny是專職教琴，莫彩蛋業餘，兩人都有不少學生、收入可觀。二人花幾年工夫蓋了一棟有數層樓的豪宅，裝潢了各種用途的場所和設施，最可貴的是他們能想到有一天父母老了可以來和他們共住。

　　他們這棟房子結構之宏偉，用材之考究令人驚嘆。以圖書室為例，書架有三人高，取書的梯子是沿著書垂下來的，上下有軌道，可以任意拉到哪裡。屋頂很特別，還可以開啟。電影放映室有大銀幕及全套放映設備。夫妻二人的主臥室有自動控制的音響和燈光，浴池有按摩設備。一張大理石的桌子是整塊石頭切出來的，當時這塊石材曾動員了各種人力物力運送，吊到理想的擺放位置後便就地切割打磨，是上等的石匠精心製作而成，凡此種種無法逐一細說。

　　二人都喜歡購置，手邊寬裕便不停地買，家中到處堆滿了東西。Jinny喜歡縫紉，她的縫紉室堆積了各種布料、工具。孩子的玩具滿地都是，偌大的房子竟沒有插腳之地，最後四口人的起居是擠在一個小小的角落裡，一切宏偉的設計建構可惜未能善加利用。莫安尼這次跟敏儀去大陸表演，一切行裝都是新購，只是他雖然有各種行頭卻不知放在哪裡？人各有志各有喜

好，像這樣一家人的生活方式我不曾見過，如果不是親眼目睹也想像不出來。做媽媽的敏儀非常欣賞，但做爸爸的保民不住地搖頭。

五、度假村——Windsor

敏儀幾年前乳癌開刀，對生命特別珍惜，參加患者俱樂部World Mark、Times sharing一次繳兩萬之後，即可任意選擇度假休息的地方而不需再付費。為了我們的來訪，她安排在舊金山海邊的Windsor Sausalito度假一週。我們同行的除惠珠外，還帶上陳昭議的母親陳嫂，這又有一番淵源：郭新民二哥當飛彈營連長時的司機陳立文非常念舊，一直有往來，他女兒去巴黎學聲樂時來過我們家多次，還參加了衣玄的婚禮，她與香港青年

麥當勞（外號）結婚定居這裡，現在生第二個孩子，母親從台北趕來幫忙，敏儀和她們有交往，就帶她出來散散心。陳司機八十多了，陳嫂年輕很多，身強力壯，人很風趣，許多故事叫人笑破肚皮。

度假村一層住房Apt設備齊全、舒適方便，去哪裡都須用電腦卡過關，周圍有各種娛樂設施，例如：游泳池、熱水泡Spa、健身房等等和商務中心，清潔吃喝自理，任何設備故障隨時有人檢修。陳嫂和惠珠都是烹調高手，鳳西難得排上做了一次蔥油餅。

我的老毛病是凌晨四點就得起床，先泡個大澡，再練一套靜功，然後帶上電腦卡悄悄地出去散步一回，練一套動功，再走去商務中心上網收發信息，之後端兩杯咖啡回來，這些動作必須小心謹慎，不能擾人清夢。

六、二女兒郭淬 Tricia

Tricia 比衣藍小五歲，也學建築，在 Field Paoli公司工作許多年了，升到企劃經理，手下有幾個建築師，一個專職秘書。幾年前與同班同學結婚，但離了；現在又有了男友，正談婚嫁。Tricia 很成熟、

中文流暢、能幹又漂亮,她是媽媽的心肝。這裡是美國有名的
產酒區,她每月有兩個週末在這一帶兼職擔任酒行的導遊。請
她週末當我們的嚮導,帶我們沿途品嘗美酒。Tricia個性務實,
與她的姐姐完全不同。

七、舒適的天氣、溫和的陽光、大器的美國佬

　　加州的天氣可愛,早晚涼爽,得穿件毛衣、外套,每天有
大太陽但不強烈。美國人處處流露出大器、豪爽的性格,例
如:公共場所的廁所寬敞乾淨且從不收費;超市的物品包裝和
購物袋子自由取用而從不賣錢,凡此種種都顯示出他們的大

器。相形之下歐洲人太小氣了，想到廁所門口收費的老太婆，超市賣錢的購物袋，令人覺得真不好意思。

敏儀每天選景點帶大家去逛，我常不隨行，寧願享受旅館設施。6月20日她們去海邊魚市買海鮮回來，先吃活螃蟹，連這食材也大器，一隻螃蟹可以用夾子挖出一堆肉。

黃種人也好，黑人也好，棕色的也好，一旦被這個國家接受了就享有同樣的權益，還給予特別的種族優待，尊重你的傳統。華人區連路名都用中文，華人在這裡就像生活在家鄉。保民住的這一區Cupertino區長是二代華人，一個二十幾歲的女孩子。市政府的福利設施大都是華人享受。

八、萬佛寺

宣化老人的故事聽得多了，這位東北鄉下老人跑到越南學佛，又去香港傳法，最後來到舊金山原本荒涼無水資源的山谷創建了這一片佛教聖地，水源的出現是個奇蹟，都靠老人每天鑽探終於挖出水來。從度假村開車來不用一小時，感嘆佛教精神的宏偉，世界各地趕來的善男信女，穿梭於一棟棟的殿堂之間。到處可見炫目的孔雀，爭向來者展示牠們漂亮的羽翼。每一座殿堂裡的正佛旁總有個持刀鼎立的關公，不甚了解他與佛主的關係，請教旁邊的師父說是「護法」，世俗的觀念是「關公財神」主發財，似乎與佛理不合。

中午在素食廳用餐（另有大眾化食堂自助餐），菜餚雖不簡單，但也不精緻，水餃像饅頭，吃下來每人折合 15美元，看來是包括了香火錢。

九、紅木公園 Armstrong Redwoods State Reserve

　　度假村的最後一個遊點是參觀了阿姆斯壯紅木森林。這個國家保護林在俄羅斯河域，紅木是最堅實長壽的樹種，這裡的老紅木很多都是兩千多歲，最高的368英呎，筆直參天、仰之彌高。

十、小敏妹的熱情

　　來到這裡怎能不探望張嬸一家人，先打電話給疏秀兄嫂了解他們的情況，得知張嬸健康很好，還常打個小牌；並且獲悉疏捷正巧要回來，他們聯絡了疏敏進一步落實和張嬸一家人之

會。敏妹打電話來了，疏捷行程已定，他的旅館就在她家對面，她建議1月7日中午在她家吃涼麵，張家合家大會，包括老夫人以下他們兄弟妹四家和第三代，真是有緣。

1月7日有兩個重要節目：中午小敏家之會，晚上吳逸荃的婚禮。保民開車十一點準時到達疏敏家。大哥毓秀夫婦已先到了，是他自己開車來的，兩人氣色都不錯。疏捷提早一班飛機到家，我們到達他也來到。小敏的家座落在一個山坡上，整理得非常好，屋子裡外都舒服乾淨。她有個26歲的兒子在身邊，以前張叔臥病多年都是她侍候，現在又輪到侍候老母親。疏捷回來就住對面的旅館，所以她這個家就成為他們張家的聚會中心。小敏不但學會了媽媽的各種本事，也傳承了愛家的美德。我們坐到院子裡開始享用涼麵，雖然是簡單的涼麵，但經過精心調製，非常可口，人人吃得添了再添。其間各發妙論，真是歡暢的聚會。回憶和這一家人半個世紀的交往，世界各地到處碰頭真是有緣。

由於晚上還有吳李的婚禮，同時也想留些時間給他們自己家人，於是我們就及時告辭。

十一、韓國豆腐館 Tofu House

韓國小火鍋、經過這個韓國人精心設計、推展出來，生意興隆、財源滾滾，真是天才之作。這家小吃店不過四五十張小桌，坐滿了容不下一百人，門口有幾把椅子，一小塊候座的地方，容不下的只好在門外排隊。老板在進門處張羅，圍裙有幾個口袋，分別裝著菜單、點菜簿、結帳單……屁股後掛著手機。他滿臉笑容吩咐進來的客人「Number 1」、「Number

2」、「Number 3」，等候期間可以把菜點好。菜只有五六種定食，都是以豆腐為主的火鍋：海鮮鍋、麻辣鍋、牛肉、羊肉……每鍋配有湯、小菜、米飯、生雞蛋，由於菜已點好，輪到座位坐下，菜很快端上來。小火鍋上來時猶自沸騰，把雞蛋打進去，轉眼就熟了。味道鮮美可口而不油膩，每客不超過十元。

惠珠經營飯店一輩子，她粗略估計了一下，光這個中午少說也做了五百人，晚上可能不如此擁擠但時間較長，就算四百人吧，每天做九百人，每人十元以上，一天生意至少九千美元，利潤三分之一至少三千元，每月開24天，一個月利潤七萬二，一年將近一百萬美元。什麼學位，什麼職位有一百萬的年薪啊?!

神洲壯行記

當年台大經濟系是熱門科系，經濟系的課程比較有彈性，不像法律系、商學系那麼繁重死板，經濟系同學的課外活動也多。我在台大結交了終生不渝的兩位好友都是經濟系的。他們這一班近年常辦聯誼旅遊，2007年梅生主辦武夷山之旅，我們搶先報名。兩個星期登山越嶺、大吃大喝、笑談往事非常盡興。

到上海第一回合結束之後，又被竹君接去他們青浦的工廠，目睹了兩個人創業的成就，大夥促膝談心、大啖肥蟹、痛飲黃湯，人生樂事能有幾回！他們派車送我和鳳西上飛機到麗江赴衣玄一家的高山之會，麗江的九天節目由衣玄和鳳西共商敲定，但此後的故鄉行由我主導。回香港仍住在覺民的公寓，稍作休息便去珠海探望老溫，從珠海到東莞是這次壯行的最後一程，也是最神奇難忘的一程。

這次出遊讓我自己的身心狀況、體力體能，以及遇事的應對能力，都經歷了最佳的考驗。

武夷山之旅

10月13日，一早照常去游泳，午飯後由大勇送我們去機場搭乘新西蘭班機經倫敦直飛香港。飛機座位舒適、服務周到、餐食可口，11個小時抵達香港，覺民在機場迎接我們。到了他家，胡琳已做好晚飯，飯後二人趕回廣州參加廣交會。10月14日開始了武夷山之旅，這天大夥先遊覽香港。從臺灣和美國來的與會者都住在一家新開的旅館Fleming Hotel；香港對我和鳳西是熟地方，所以這天我們沒參加旅遊。10月17日晚上義燦宴請全體與會者，我們白天在衣玄新家度過，晚上帶她們母女出席。五十年前的同學們見面了，吳興周、楊書坎、熊樂林、楊介高都見到，還有義燦的妹妹義芬夫婦。

10月18日，從Jeudi Fleming Hotel乘大巴去機場搭機飛福州，飛行1小時半，再轉搭火車到廈門。車上我們與周宏夫婦對座，這一對在校時便出雙入對，至今仍然親親熱熱，周公大包小包全身披掛，太座還不斷撒嬌，真正是恩愛夫妻。我與周傾談往事，記得周父當年做財經高官，曾幫同學謀職，引發張愛瑩談她父親冤獄而母親力爭平反的經過。說到先當兵後入學的經過他很有興趣，要我贈書。夜宿廈門的豪華飯店。

　　10月20日，攀登武夷山行程，大約一半人坐轎子，一半人爬上去，我並非逞強，自信猶有餘力。據說上山要爬三千多級階梯，下山後兩腿隱痛，想到1979年與鳳西第一次爬泰山，下山後去合肥妹妹家，二人腿疼上不了樓梯。本以為這一回不知後果如何，所以不斷練功和按摩，後來並未為患，竊喜！

　　上山蜿蜒一線，下望綠水長流，懸崖峭壁，怪石凌空。下山後乘船繞山九轉，仰望峭壁，高山入雲，梢公多妙語，逗人發笑他自己不笑，解說風景典故也頗中聽，曾指出山壁上有一懸棺，千仞懸崖如何安放棺木？令人深感不可思議！

　　夜宿廈門喜來登Seraton豪華酒店，梅生為嘉英慶生，即席發言，場面感人，是這次武夷山之旅的高潮。當晚用熱水敷小腿、自行按摩、練功。次日參觀一間中醫治療中心，接受小腿按摩，並購買了軟膏及筋絡油二種；筋絡油很奇妙，將油倒幾滴到掌心後搗患處，炙熱感逐漸深入肌膚，每日數次，各種方法齊施，腿疼漸癒。

10月25日，Jeudi早餐後搭乘大巴赴紹興，遊覽魯遊故里、鵝池、王羲之父子碑，參觀紹興酒廠，鳳西購買一錦裝二十年陳紹。下午回上海入住王寶和大飯店，一進門金丹旭已等候多時，在杭州與他通話告知今晚住進王寶和飯店，明天可見到

了，他說我等不及，晚上去王寶和等你們。當年我們和介高都是健言社創辦人；丹旭是唱歌跳舞的高手。次日逛街購物。10月27日整天由楊書坎接待，品嘗地方小吃美食，參觀他的豪宅。

10月28日義芬請吃飯，楊介高組織大夥到百樂門跳舞，我們

飯後趕去，他們早已開始，楊和周住康都是有備而來，全套裝備上場。也有職業舞男舞女，他們跳的還是老式的步子；我們隨俗跳了幾曲，聽到自己喜歡的曲子了就照我們的風格發揮，受到大家讚賞。楊、周都在美國請專家教舞，楊太太——倪曼莉舞藝精湛。楊的家中還備有舞池。相較下，我和鳳西在Les amis de danse 學的那些招式比他們輕鬆隨便。我也禮貌性的邀請熊樂林、柴淑芳、張式泮夫人等跳舞，柴淑芳的興致很高，每請必跳。

上海訪竹君

　　王寶和飯店10月30日以後不能續住，麗江之會要等到11月1日。Jane為我們安排了對面她熟悉的旅館，住宿條件很好。竹君得悉邀我們去她青浦的工廠小住，就退了對面的旅館，下午，孕來把我們接走。他們到上海創業已經三年，這次歡聚目睹了他們在事業上的成就以及感情上的和諧。談到他們的孩子華華，二人掩不住得意之色，

諸耀華早已完成學業，為大企業家羅致，工作、愛情一帆風順。他們在美國原只做貿易，現在是自己建廠生產，從設計、製造、包裝、運送，一氣呵成。還有一個紡織部門是孕的專長，員工約有一兩百人，廠地寬廣。他們的居室也在廠內，一棟小樓舒適寬敞，此外，還有一棟別墅在附近。我們三天暢敍，適逢大閘蟹上市，客戶一簍簍送來，鳳西在紹興酒廠買的一瓶陳紹正好派上用場，酒罐是精緻的陶器，酒乾了才

發現壺底有「陳年老黃」字樣，無巧不巧。11月1日，他們派穩健司機送我們到虹橋機場搭機飛往麗江。

麗江到香格里拉一段主要是衣玄安排，一共九天。我們到麗江時他們一家已早到四小時。旅館是網上訂的，一出關就有司機舉著牌子接機。汽車不能開進古城；我們下車跟司機走到

旅館，行李則由手拉車送去。旅館叫「瑞和園」，在小巷中依地勢高低而建，小巧玲瓏，應有盡有。古城到處小橋流水，清澈見底，游魚成群。古城面積不大，故事不少，以中心的方場最熱鬧，展現了各種地方文化的特色。

頭兩天自行在城中遊覽。孫女羅光仙Margaux與公公我投合，跟著我嬉戲吃喝。她本來最不喜歡吃飯，這幾天跟著我吃路邊小攤上的油餅、魯蛋、喝豆漿，可把她爸媽樂壞了。晚上他們去看歌劇，我自去逛街，沖印相片。

麗江行

在旅遊站包車作一日遊。鳳西開始給大家吃楊叔坎給的高山藥紅景天膏（西藏之寶）。中午進入四千公尺高山區玉龍雪山，自然保護區雲杉坪景點。據導遊說這一帶是納西族聚集之地，納西族約三十萬人口，包括母系社會的六萬摩梭人，她們是女兒國，女人掌權，男人做家事。回程參觀木府、是當地邊疆大員的府第，建築宏偉；木世家可上溯到宋明，有徐俠客的留書為證。

回旅館再出來吃火鍋，合鳳西口味，吃得不亦樂乎，猛抬頭見河對面有人招手，原來是衣玄一家正吃皮沙。次日去木家祠堂，附近有黑泉農家菜館，雞鴨魚肉都是活鮮的，飯廳一棟棟亭閣非常雅致，一家人又大吃一頓。

香格里拉

11月5日，包一大型吉浦，五百元一日，一路上山開往香格里拉。司機和導遊鄭氏兄弟是漢人和納西族混血，他家就在香格里拉，沿途停幾個景點，包括國家公園、金沙江瀑布等。晚上住進訂好的五星飯店，安頓好去看大型歌舞劇，並享用半隻烤羊大餐。

11月6日，導遊找到露天溫泉，路線曲折、到達不易，溫泉池面積約25X20呎；水溫40~70度；頂端有天然熱烤室。一家人游泳後再烤，烤完再游，大呼過癮。晚上與導遊結帳，對此人印象甚好。

11月7日飛昆明，有兩天停留，當天逛花鳥市場：有各種小動物，又以小豬最可愛。在此地買了羊皮背心和皮帽一套只要150圓，很便宜。今天衣玄正式與亞太簽約，仍負責亞洲事務Asia Pac，亞太Accenture，總部在Boston，有員工十八萬人。她的薪水比以前增加了20%，當晚我們在卡拉OK慶祝。

11月9日到機場，萬事順利並升頭等，不料濟南起大霧，飛機遲飛二小時，公司送來早餐就地用餐。登機後鄰座是位做棉業的商人，談得投機，一見如故。他於幾年前承包國營棉廠，研發彩色棉，非常成功。

桑局長派車直接送去甯陽。會玲迎接住入賓館，就是以前的招待所改建，住宿品質很不錯，地點也方便。衣玄房中加一小床，兩房緊鄰，早餐中西合璧。在弟妹家吃了幾餐，有餃子、知了龜等……小光仙與會玲、豔玲的女兒玩瘋了！

故鄉行

11月10日去添福老家，瑞昌帶路去墳地憑弔，此時方知可在路邊立碑作記，啟福大哥囑漢昌代辦。瑞昌之妻一年前生病，才過五十，可惜！好言安慰、鼓勵。再去看故宅，這樓房兀立如故；漢昌說佔據房子的糧食局破產，正好是收回房產的時機，囑漢昌進行。蔣集鎮長請吃中飯，義昌夫婦帶兒子來；鎮長才到任，年輕熱誠。飯後有車送回賓館。

第二天朱偉電力公的同事朱君開車去曲阜、鄒縣轉一圈，豔玲隨行，逛了曲阜孔廟孔府，曲阜淪落到惟利是圖，商業化到極點，可歎複可惜！中午與二表姐夫婦餐敘，二姐有癡呆現象，事情問過就忘；姐夫佩皋挺精神，還有許多活動，剛才過了八十歲生日。回程過鄒縣與二嫂一家歡敘，這些老人中她最壯實；婀娜一家也來了。羅安生一路替我們照相。

珠海敘舊

11月15日覺民送我們到碼頭，一小時航程，拱北的九洲下船，一出關口老溫已迎上來。我們和老溫相交三十年，二人創辦的事業也曾風光一時，後來吃了倒帳一蹶不振，幾年前見他困頓潦倒，心中惦念，這回探訪，不料他已重新振作，身體練得粗壯，仍有點老本行的生意，他為我們訂好旅館，見面塞了五千元。珠海這幾年也有變化，人氣很盛，到處是熙熙攘攘的人群。第二天早餐後到老房子坐坐，他住下層，上面出租。這兩房的淵源行政手續我從未過問，這時他拿出產權證才知原來一棟是我的，一棟是鳳西的。他說你們願意繼續出租也可，賣

也可以，結論是委託他賣掉。他送我們去搭乘到東莞的巴士，珠海之行也很圓滿。

這天晚上他邀我們去做「足浴」，說這一道是珠海的名菜，鄰近的人包括港澳都專程來此享受足浴。鳳西和衣玄最愛此道，哪能錯過?!我只好隨喜，跟著進了附近的一家店，大廳燈燭輝煌，一排排的坐滿了人，也有一排排的小房間在房中享受。我們選了一排三個位子，請三個女技術師來服務。她們拿了一個臉盆、鋪一張一次性塑膠紙並注入熱水為你泡洗，然後在腳上塗油反覆揉擦，無微不至。我的技術師是位十八九歲的少女，來自湖北農村，受過初中教育，來珠海學習九個月，見習三個月才能正式工作。老闆管吃住，八人一屋，月薪一千五，扣除吃住費用還能剩千把元可以寄回家中，她是長女，要賺錢供弟妹讀書。老溫說這些女孩子都很清純，不作其他服務。

神奇的東莞行

東莞是我嚮往已久的地方，主要是因為這裏有幾家熟人，而且這是個新興城市，傳說已久，值得一看。許多年前我們去看老溫，亞洲正好住在女兒那裏，他們全家開車來會面。鳳棣的女兒郭晶夫婦都在台商學校教書許多年了，鳳棣常來女兒家住，聽說我們要來，已經準備好趕來聚會。張毓捷在東莞新科磁電製品廠當總裁多年，漢昌的兒子興浚來這裏也兩三年了。凡此都是過來看看的理由。

先打電話給英瑋，她很高興，建議我們先到她家，他們住虎門，我們來要先經過，就按她指示的地方下車，她接上我

們，開到工廠。他們是家庭企業，家人合作研發出一種高科技產品，用來清洗電鍍的東西，電鍍之前必須作清潔處理，他們的產品信用好，她的先生剛去東北出差。她帶我們吃一餐台菜，很豐盛可口，飯後送我去訂好的大飯店。

第二天中午，毓捷宴請我們和鳳棣夫婦、還叫了黃興浚吃中飯。我們先去郭晶家，郭亮也在這裏，非常熱鬧，他們住學校宿舍，寬敞方便，這個學校名聲很好，是香港企業家所辦。高初中六個年級，每年級46班，每班50人以上，粗略估計一萬多學生。老師教學認真，升學班的學生若被名校錄取，老師有獎金一萬。

毓捷給我們訂的旅社是國際展覽會館，是東莞最豪華的賓館，樓下有數不清的飯店，先參觀工廠，再看他的辦公室。中飯是在國展廳的一個小間，飯後再去郭晶家聊天、並稍寐一會，晚上還要參加一個隆重的婚禮。

晚上的婚禮設在國宴一館大廳，公司的幹員都到了。新郎是毓捷的老友重金禮聘來的高級顧問王君，新娘是他苦追十七年的淑女，二人能終成眷屬，疏捷也居中盡過許多心力。本來婚已結了，這場是張總裁特別又為他們在公司熱鬧一番。毓捷即時發言十分有趣。新郎多才藝，用歌聲訴說衷情，新娘風姿優雅，說話得體，說她嫁了最想嫁的人。毓捷將新娘引見鳳西，她忽然說「我剛才讀了你的文章」，原來她是周芬娜的朋友，從《飲食文學》一書中看到鳳西的文章。

　　嘉賓中有兩位院士：一位是台灣中研院的林先生、另一位是來自哈爾濱中科院的高先生。毓捷待人隨和，大家常開他的玩笑，又衷心地流露了對他的關愛，他煙不離手、酒不離口，可是左右都有人替他擋酒，結果整個婚宴倒成了張總裁的表揚大會，這是眾人的真情流露，可見毓捷的為人。第二天星期日我叫興浚和我們共進早餐，再與他溝通一番。

　　我們搭張總的車回香港，又和林院士同車，當晚他在太平洋俱樂部請客，這是間很高級的餐廳，不對外開放，春枝也來了，還有他們香港的部屬。臨別向林先生致謝，他悄悄地說，還是得謝Mike，又是他結的帳。

　　回港仍住覺民處，他早出晚歸也儘量陪我們。衣玄帶我們去看了光仙的學校，是蘇浙同鄉會辦的中文學校，很認真。在他們家也待了不少時候。她們這棟房子花了一千萬港幣，在景灣面海的地方。房子維持他們的一貫風格，內部有寬敞的客廳，他們的臥房、書房和光仙的房間很大。室外也有很大空間，後院面海，擁有非常漂亮的景觀。前院有果樹，木瓜果實纍纍，他們正計畫加蓋房間。

　　11月21日，衣玄替我們訂好John的車，覺民幫忙拖行李下樓，我們順利登機，飛機只坐滿一半，每人可占一排，舒適地回家了。

烏魯木齊的夜市

　　當夜幕從天山徐徐落下，新疆首府——烏魯木齊——美麗的牧場，在群山環抱之下、更顯出「天蒼蒼，野茫茫，風吹草動見牛羊」的畫意。這時城裡大街小巷亮起了燈光，東邊終年積雪的博格達峰，遠望更顯得壯觀。市內筆直寬敞的大道在暮色漸濃中令人有一種賞心悅目的感覺。人民廣場經過了一天的熱鬧後，剩下了優閑散步與溜狗的人們。可愛能幹的導遊小姐帶著我們一行四人，參觀完被稱讚為「烏魯木齊的眼睛」——紅山公園，晚上的節目則是逛逛烏魯木齊有名的夜市。

　　大家決定先逛傳統的「巴扎」夜市，解決晚餐。等養足了力氣再好好逛個夠。「巴扎」夜市是比較傳統的維吾爾族為主的市集。維吾爾族佔了新疆人口約一半左右，有悠久的歷史及獨特的文化，信奉伊斯蘭教，民族性充滿了奇幻色彩的西域風情，這就是「絲綢之路」會如此吸引人的原因了。維吾爾族人性格熱情好客，男女長相特別好看，尤其是年輕人，個個是美女俊男。男子普遍穿齊膝的「袷袢」，上身是刺繡花邊的短衫；女性的衣著色彩鮮艷，多是閃閃發亮的綢緞長裙，外套黑色嵌花紋的對襟背心，耳環、手鐲、戒指、項鏈更是少不了的飾物。特別的是，維吾爾族姑娘頭上的辮子，都梳成許多條，高挑的身材、濃眉尖鼻與漆黑的大眼睛，回眸一笑時，煞是好看。

　　從南門汗騰格里商場到二道橋民族市場，是民族用品集散地，舉凡維族小花帽、艾的麗綢緞、刺繡、銅壺、地毯、掛毯、民族樂器等，還有其他具有新疆特色的特產，應有盡有，令遊客流連忘返。再不遠處就是夜市吃食的地方，遠遠就能看見五顏六色的燈光以及震耳的音樂聲，一進入那個大大的建築物，叫賣聲、討價還價聲、鍋碗瓢勺碰撞聲、客人吃喝聲，此起彼落響成一片，香噴噴的味道在燈光晚風下陣陣飄來，叫人食指大動。一路走過去，一排排小攤子賣著羊肉串、烤包子、抓飯、涼皮子、炸魚、炒螺肉，和更具傳統特色的維吾爾風味小吃：奶茶、烤全羊、手抓羊肉等等，各個攤子上都坐滿了食客，非常熱鬧。我們也找個空位坐下，由導遊小姐替我們點了羊肉串及拉麵，非常可口，也很有特色，和台北通化街及士林夜市不太一樣，這裡空間比較寬廣，賣東西的和逛街的人穿著談吐也不同，好像北方及南方人，大同而小異，各有千秋。

　　除了傳統的「巴扎」夜市外，城裡還有三十多家影劇院、四十多家歌舞廳、卡拉OK店等等宵夜的去處，可惜的是我們已經沒有餘力去消受了。

鳳西篇

窮學生初探北歐

　　1970年暑假，我和鵬子二人決定去北歐旅行，事前作了一番規劃和安排。買了半個月有效的火車票，可以任意上下車，也可以坐頭等車廂。我們背上簡單的行囊，從布魯賽爾南站半夜上車，找一間頭等車空廂，關起門來倒頭就睡。第一站到德國的海德堡，有四位留學生接待我們，住進大學宿舍，夜晚他們還帶我們去喝啤酒，欣賞五彩燈光照射的古堡，尋訪「學生王子」的足跡。

　　在北上的火車上遇到一位新加坡的留德學生謝書德一路同行，他右腿略短，右腳鞋底加高以維持平衡，我們一路相談頗投合，他旅行經驗豐富，所帶用具齊全，我們有一些相片是請他代拍。過了丹麥，抵達他的目的地斯德哥爾摩，從此我們一別未曾再見。

　　繼續北上，輪渡過海到了丹麥哥本哈根，我們在安徒生雕像前背誦他的詩文；讀了許多安徒生的童話，想不到有一天會來到他的腳下。哥城不但有名勝古蹟，而且城市清新乾淨。在這方面，巴黎與倫敦顯然望塵莫及；即使萊茵河畔的科隆或波昂也無能與之爭勝。

　　哥本哈根觀光服務做得很好，各種免費的遊覽手冊印刷既精美，內容說明又清楚，一冊在手，可以隨心所欲，要去哪裡便去哪裡。哥城的公車不僅快捷舒適，而且一張票可以坐許多次。因為它不是一票一程，而是一票一小時，乘客可以在時效之內任意上下車及換車。我們常常上車坐不到兩站，發現一處可看，便立即下車，逛一會有車來了再跳上去。往往一張車票就換車三、五次，而且總能把握最後一分鐘，坐了一段長長的距離。

第五里Tivoli

　　在遊覽手冊裡最醒目的便是第五里Tivoli。而這個地方的標誌卻是一個中國式的寶塔，上面寫有中文「與民同樂」四個楷字。Tivoli本來是義大利的地名，源自羅馬時代的寺院或林園之意。在哥城它是一個佔地八十五萬平方呎的大眾遊樂場，不但是丹麥人的休閒之地，也是觀光客必遊之處。在這個遊樂場裡有戲院、有音樂廳、有夜總會、有賭場、有雜技表演以及各種天上飛的，地下跑的兒童遊戲。在這許多精巧設計的建築物中，最富麗堂皇的便是那一座中國式的寶塔。它被修建在一個小湖裡，四面環水，有一座朱紅欄杆的拱形橋通往正門，這是一家豪華夜總會。湖中有船，頗似中國的畫舫，也往來載客。整個建築都飾以五色

變幻的燈光，入夜通明，真是金碧輝煌。在寶塔的另一邊，還有一座中國式的大舞臺，正面看是一隻開屏的孔雀，五彩的羽毛分散在四周，臺上再飾以宮燈彩帶，更加艷麗。就在孔雀的雀冠之上，也就是舞臺的正上方，有一塊中國字的橫匾，紅底金字，寫著「與民同樂」四個楷書。可惜這個舞臺上演的是現代芭蕾舞，而不是平劇。第五里的夜晚最美，每一幢建築的霓虹燈都是爭奇鬥艷。噴水池的五色圖案變化無窮，各種顏色的路燈鋪成情調各異的小徑，通往不同的娛樂處所。在年輕人的俱樂部裡，經常有三個樂隊輪番演奏，一群群奇裝異服的男女正沈迷在瘋狂的旋律和高尚的夜總會裡。爵士音樂悠揚，形成另一個熱鬧的場面。至於莊嚴肅穆的音樂會裡，老公老婆們穿戴整齊，正襟危坐，正陶醉在古典的樂音裡。遠處有呼叫、有歡笑，那是兒童們在玩有驚無險的遊戲，或者在為高空的飛人叫好。第五里，這個標榜中國的建築風格、中國的政治哲學的遊樂場，早已成為丹麥人身心歡樂的標誌，即使他們無法理解「與民同樂」的意義，但事實上它的確是一處老少咸宜的大眾樂園，據說光一個夏季賣出的門票，便已超過了丹麥全國的人口總數。

丹麥的啤酒廠

　　「在釀造過程中，應該有一個永恆的目標。那便是：不計眼前的利益，把製作啤酒的藝術發展到盡善盡美的境界。以便使這些酒廠和它們的產品立於一種模範的地位；而且，經由它們所創的楷模，促使所有丹麥的酒廠永遠保持崇高和光榮的水準。」上面這段話，是丹麥啤酒大王老賈各遜（Jacobsen）的

製酒格言，至今仍被卡司柏（Carlsberg）酒廠奉為金科玉律。

　　我們去參觀啤酒工廠，事出偶然，但是看過之後，得到一些啟示，也留下深刻的印象。值得一記。應該從頭說起：我們在哥本哈根玩了三天，到了第四天已經覺得無處可去，可是我們去挪威的船是下午五時開航，幸而吃中飯的時候在餐桌上發現一張啤酒廠歡迎遊客參觀的海報，於是就無可不可的去了。提起丹麥啤酒，在歐洲極享盛名，聚寶（Tuborg）和卡司柏都是名牌。這兩家酒廠都擁有幾萬名員工，他們各有自己的火車站和輪船碼頭，啤酒從工廠裡直接上車裝船，輸出到世界各地，真是無遠弗屆。

　　我們參觀的是卡司柏酒廠。到達該廠的接待室時，已經坐滿了人。一會後，聽見麥克風廣播，參觀將於兩點鐘開始，分別由英、法、丹語三位嚮導率領，在門前上車。我們惟恐誤了輪船，便去問導遊先生參觀節目幾時完畢。他的回答很幽默：「那要看你對啤酒的興趣如何。繞廠一周需時九十分鐘。最後到大客廳嘗酒，就無法估計了，許多客人喝到工廠下班還不想走！」原來他們接待遊客每天上下午各有一班，團體參觀還可以電話約定特別招待。據導遊說，他們每年接待十二萬人左右。參觀的列車準時開動，先看啤酒的製作過程：從大麥浸水、發芽，到發酵、變酒、裝瓶。卡司柏的裝瓶大廈每天最大

的工作量是四百萬瓶，卡司柏總廠佔地七十英畝，是該廠的釀
造、行政和出口的中心。

在此地工作的員工有四萬五千人，而其他附屬工廠，分支
機構的員工尚不止此數。廠內設有托兒所，許多工人帶孩子
來上班，下了班再帶回家去。卡司柏酒廠由老賈各遜創設於
一八四七年。他的兒子卡爾·賈各遜（CarlJacobsen）發揚光
大，他們給丹麥帶來了無可估計的財富和繁榮。父子二人不但
是製酒和理財的專家，而且熱心公益，愛好藝術。他們先後都
把大部分私產移歸卡司柏基金會。基金會主要的目標，一是促
進生物學和其他基礎科學的研究；二是支持國家歷史博物館的
發展。卡司柏的生物研究所享譽國際，擁有世界上第一流設備
和研究人員。至於賈氏父子對於古物藝品的收藏，更是富甲天
下，現在這些珍品都已捐贈為國有。丹麥國家歷史博物館十九
世紀下半期曾遭回祿之災，它的重建工作便是賈氏父子的貢
獻，直到現在這個國家歷史博物館的維持與發展仍由卡司柏基
金負責。此外，連哥本哈根的標誌——海濱的美人魚銅雕（The
little Mermaid）也是卡爾·賈各遜於一九一三年獻給哥城市民
的。參觀完製酒和裝運各部門以及賈各遜世家和卡司柏的歷
史博物館，我們來到最後一站——大客廳請君豪飲。所謂大客

The Little Mermaid on Langelinie, a gift to the
City of Copenhagen from Brewer Carl Jacob-

廳，其實好像美國式的大眾食堂，不過這裡佈置豪華，器具和
陳設都是上品，一條條的長桌上擺滿了卡司柏的榮譽出品。啤
酒之外，還有各種果汁飲料，桌上和四周點綴著鮮花和萬國國
旗，以及各種文字的歡迎之詞。大家開始開懷暢飲。可是我們
為了趕船，只喝了一杯啤酒和果汁便匆匆地離開了。

　　在哥本哈根的商店裡，我們買過一包鮮蝦仁，那是外國人
做沙拉用的，已經製作過，用錫紙包裝，放在冰箱裡，拿來便
可下肚，非常鮮美。那天我們逛完市區，同時還買了五個小麵
包，兩罐啤酒，坐在美麗的Peblinge河邊的長凳上開始野餐。丹
麥的那種小麵色比法國的Pistolet略
小，上面有一層芝麻，烤得焦黃，
我們把它頂上切開，中心壓扁，
填滿了蝦仁，再蓋起來。咬一口香
脆無比。至於丹麥啤酒世界有名，
兩鐵罐Garlsberg在商店只要一個半
克爾（美金一元兌換七個半丹麥克
爾）。我們一口氣吃光喝完，鵬子
擦擦嘴說，這和在西門町吃水煎
包、喝綠豆稀飯有異曲同工之妙。
這一餐，我們二人共花費九個丹麥
克爾。但卻是出發以來吃得最舒服
的一頓。

　　北歐各國，論山林的景色以挪
威最美，挪威號稱千湖之國，湖光
山色堪稱奇絕。到了奧斯陸，先
打電話訂好住處，行李塞進自動

寄物箱裡，兩人便匆匆擠出了碼頭，去找那種蝦仁，但是走了幾條大街並沒有找到。我一路埋怨說挪威應該有更好吃的海味才對。鵬子雖然笑我嘴饞，但仍不斷幫忙打聽，結果找到了兩家專吃海鮮的大餐館，可是我們沒敢進去，一則怕花錢，二則怕不合口味，正如同在台北的時候，我們寧願吃桃源街的牛肉麵，而不願吃一頓酒席一樣。

最後我們決定先搭遊艇在附近遊覽，回頭再去找吃的東西，於是再走回碼頭，那裡依然是熙熙攘攘的人群。距開船的時間還早，我們也坐下來休息，這時我才開始注意周圍的景象，剎那間，我怔住了：沿著長長的碼頭整齊的坐滿了人，遠看像一條彩線；另一邊的石階上也都坐滿了人。這些人都是一手拿個紙包，一手不停地向嘴裡送東西。再往前看，另一條碼頭上也是同樣的景象。在兩個碼頭之間，有一排小船靠在岸上，人們空著手向那邊擠去，再從那裡拿著紙包出來。我不自禁地跳起來叫道：「天呀，他們吃什麼啊！」我們立刻擠過去。原來那一排小船的船頭上都擺著一個大籮筐，筐子裡尖尖地堆滿了蝦子，有兩個小罐子作量器，大罐八克爾一罐，小罐減半，我們先買了一小罐，迫不及待地找了個空隙坐下，大嚼起來。那是手指大小的蝦子，做法亦如我們的鹹水蝦，嫩嫩的略帶鹹味。每一隻都肥肥的而頭上有一層蝦黃，真是鮮美絕倫。幾隻下肚以後，才開始打量我們周圍的同好們，看樣子多半是外來客，有不少風塵僕僕、身背行囊的年輕旅人，也有些衣著講究的高級遊人，不過大家吃相都不高雅，邊吃、邊剝、邊吐。蝦皮被丟進海水裡，有許多海鳥上下飛翔，啄食殘餘。

我們右邊是一對老夫妻，大家吃得高興，攀談起來，原來他們是美國人，先生是退休的教授，一週前本已離開奧斯陸到北角

（NorthCape）去看午夜日出，原定從那裡去芬蘭，可是因想念這裡的蝦子又折回來。

　　左邊兩個青年好像本地人，他們吃蝦的技術驚人，兩手一捏，整個蝦仁便脫殼而出。二人邊吃邊談，眼睛不看手的動手，速度比我們快一倍，我們一小罐沒吃完，他們已經去買了兩次。我們吃完一小罐，又買一大罐來，但只吃了一半便已經飽脹，把剩下的包起來。

　　晚上回到旅社洗澡換衣，已經十一點鐘，但是太陽才剛落下，天邊還留有餘暉，我們帶了半包剩蝦，兩瓶啤酒，在旅社前的山坡上坐下來，繼續努力。這是一家只在假期開放的青年旅社，建築在山坡上，冬天是滑雪場，夏天是碧綠的草地。這時暮色漸濃，而天際猶自殷紅，向下看，奧斯陸的建築物變成了圖案形的黑影，印在殷紅色的地平線上，真是一幅奇妙的圖畫。

　　這天我們午夜才入睡，一覺醒來天已大明，但看看手錶還不到三點鐘，又勉強睡了一會，後來因陽光耀眼無法再睡，於是起床又開始一天的行程。我們在奧斯陸停留兩天，飽餐了三次大蝦，是這次北歐之遊的快事之一。後來在瑞典的馬門（Malm）也吃過這種蝦子，那是食品店賣的，價錢貴了兩倍，味道卻差了很多。

西歐六國行

　　1971年夏天，爸媽拿了比利時一個月的旅行簽證來到。延期兩次，遊歷了荷蘭和盧森堡。其他國家就拿不到簽證。但德、法近在咫尺，不去走走豈不可惜。鵬子在這種關口每有怪招，我雖膽小卻願意跟他走險。我們蒐集了偷渡的資料，一早上路，走小路繞過關卡，進入法國。那時他還只有學習駕駛執照，車子後窗必須掛個「L」牌子，不能開上高速公路。那時

我負責看地圖，媽專管「Ｌ」牌子，一上高速公路就先把牌子
取下。

　　我們先去巴黎觀光三天，再沿塞納河西行，一路參觀古
堡、教堂。第二天到諾曼地——第二次世界大戰聯軍登陸的地
方。爸做過陸軍參大的教官，熟知聯軍登陸的戰史。住進旅
館、安頓好，到海邊憑弔。當年聯軍從英國運來的登陸設備，
巨大的搶灘浮椿，還在近海的水域載浮載沉。沿岸的美軍陣亡
將士墓地連綿不斷。墓碑排列整齊像受檢閱的軍隊；也像種植
規則的農田。陪襯著遍地的綠草黃花，顯得格外淒涼。爸說：
「當年希特勒鐵騎橫掃歐非，投鞭斷流；聯軍陸海空配合反
攻，何等慘烈」。可是「將軍戰馬今安在？」只剩下「野草開
花遍地愁」了。鵬子一再讚揚美國的立國精神，說她在大戰中

抵抗德、日的英勇；說到眼前的這些美國烈士，遠別了父母妻子，葬身在異國的疆場，面對這一望無際的碑林，怎不令人肅然起敬。他們翁婿二人不約而同，各買了鮮花一束，恭恭敬敬地遙祭一番。

　　德國的邊界看守得非常嚴緊，卻也經不起我們精心策劃，終能順利過關，可是英國就沒有偷渡的可能，幸而鵬子仍有妙策完成了爸媽的心願。最後是為他們安排了從倫敦搭機返國，申請英國的過境簽證，也遊歷了英倫。半夜開車到比國的海港奧斯當，人車上船，黎明到了英國的杜威碼頭，下船上車，一口氣開到倫敦大橋的橋下，把車停好。天氣晴朗，太陽剛昇起，魚市場一片喧嘩好不熱鬧。爸爸是太極拳名家，三個月來鵬子每天一早跟他學拳，這時正是練功的時候。二人選一塊空地，擺開架式，練將起來。太極拳法優柔美妙，一時吸引了許多觀眾。他們一招一式，虛心演練，氣勢沉穩，瀟灑飄逸。外

行人也看出了功力。爸爸照例在最後一式合太極時，吐氣開
聲，「嘿」的一聲，如雷貫耳，贏得滿場熱烈的掌聲。不料鵬
子忽然取下我的圍巾，鋪在地上，把爸的禮帽翻開，帽口朝
天，放在中央。拉著師父向四周抱拳行禮，老爸正自莫名其
妙，一陣叮噹之聲，竟賺來一頓豐盛的早餐。走進飯店，四人
捧腹大笑。兩天以後送他們登機返國。三個月的相處，十分融
洽歡樂，眼看他們走向閘口，心中依依不捨，鵬子提醒我他們
還要在香港停留，我們兩人趕快把餘款都掏出來給了爸媽。
囊中空空，一出機場就急急趕路，如果趕不上渡輪就得露宿荒
郊。從機場去杜威碼頭是翻山小路，天黑路窄，英國行車又要
靠左邊走，一路驚險萬分，趕到碼頭剛好是最後一部車子上
船，此番經歷令我畢生難忘。

1999橫越北加之旅

探訪親友

　　1999年9月至加拿大探親訪友。第一站到蒙特利爾，主要的是看永忠和郭彤兩個晚輩。他們都是新移民，剛剛落定。我們一下飛機兩家人都迎上來，住到永忠家裡，兩家爭相陪伴，他們的境遇都不錯。永忠夫婦在比國拿了學位，當時雖然有點徬徨，但移民此地後便一帆風順，一再堅持要負擔我們全程的旅

費；郭彤早來一年，際遇更好，也有同樣的表現，令人欣慰。相片中是送行餐敘，郭彤的太太陳西抱著女兒好開心。

　　永忠開車載我們去了Scherbrook，探望了早年魯汶中國之家的指導司鐸趙鶴如教授，他前幾年身體不好，對學校的退休安排也不滿意，近年朋友們都沒有他的消息，令人掛念。沒想到他的景況竟然非常得意：健康比早年好，退休的待遇得到優厚的調整，最近巴黎學術界又出版了他的哲學新著，好事連連，開心不已。

　　第二站是多倫多，看鵬子的患難兄弟陳博士是這次旅行的重點。1949年他們一隊少年兵在高雄的烈日下受嚴格的軍訓，幾個小兵結成患難之交，互相切磋砥礪，半個世紀往來不斷。幾人先後離開軍隊，先去念書，再出國深造，陳在加拿大名校拿博士、當教授，本來是家庭和事業同樣美滿，未料，1998年喪偶，而他自己又罹患肝病九死一生，最後移植了一個年輕人

的肝，卻又受到排斥。
我們這次來看他，本
來心懷悲憫，隱隱有訣
別之意；想不到他的新
肝適應了新環境，提供
了新生機，忽然間他
的毛髮轉黑，生氣蓬

勃，返老還童。於是我們重溫五十年前的遊戲，一起游泳、打
球……，此外，他還駕車帶我們遊覽尼加拉瓜大瀑布，往返
六百公里，毫無倦容，真是奇蹟。

我們前往下一站溫尼伯Winnipeg，探望三十年前在布魯賽
爾共住一樓的魯汝同學虎兄良妹。一出機門兩人迎面而來，興
奮之情溢於言表。到了他家門前，虎兄說：「還認得嗎？這棟
老房子」，又說：「為你們趕工修整，裡外一新，內部經節還
沒完全好，工人明天還來」。一進門，他的話匣子就打開了：
「自從這次和你們搭上線，就開始轉運，一天比一天好，直到你
們說要來，一筆錢從天上掉下來，真是邪門，就先整修房子」。

七十年代初，送別這一對江湖散人，來此創業，八十年代
他們在本市連開了四家飯店，生意鼎盛。九十年代起加拿大的
經濟走下坡，他們受銀行貸款之累，關閉了三家，向銀行提出
重組貸款結構，幾年沒有下文，今年終獲協議，解除了重大的
財務壓力；緊接著保險公司改組，提前支付他們的人壽儲蓄，
數目不小，不在預算之內。

女主人忽然打斷了話題：「你們有沒有聽說過『法輪
功』？」她看過一點介紹大法的資料，認定在健康和修養上正
合乎她的需要，曾向一些人打聽而沒有結果。老伴就等不及地

敘述了練功的經過，她立刻要求示範，並跟著比劃，竟然有模有樣，做到靜功時，我們赫然發現她正面對著一張釋加牟尼佛的相片，相片中的佛祖兩手結印，兩眼微閉，面帶祥和。原來這張相片是他們當年為了裝修泰國飯店，親去泰國採購，是她實地拍攝並沖洗放大配框，原本掛在餐廳正面，但飯店關閉後，就連同一套泰國傢俱布置了這個客廳。

王氏兄弟兩家在這裡打拼，手足情深，都是性情中人；由於多年來財務的困擾，致使內部關係未盡和諧。默察各種情況，確信提高心性能帶他們走出困境，進入祥和。

冰川奇蹟

到了溫哥華，大妹開車來接機，她在台灣不會開車，帶女兒來這裡不久，便在股票公司找到工作，也學會了開車。抓住剩餘的幾天，參加了一個遊冰川的旅行團。旅遊公司是香港人開的，導遊說國語和廣東話，遊客都是中國人。

冰川是加拿大北部近北極的一個特殊風景，是千年不化的冰河，深30多公尺，寬十多公尺，長不知多少公里，從山上流下來的地質狀態。遊客坐上四輛七、八公尺寬大輪胎帶動的玻璃車，在結冰而成的固體河川上行駛參觀，在雪花飛舞、白霧迷漫中，完全進入另外一個世界，非常特別有趣。

兩年不見，大妹的漂亮女兒娃娃已是初長成的青春少女，在學校學業好、風度好，有不少男孩子獻殷勤，她應付得很好。龍大姐女兒龍靈一家也住這個城，她帶小兒子來看我們，兩家人給我們送機，我們請大家在機場吃飯。

華人社會的結構和風評

一路上閱讀了各種華文書報，了解到加拿大的華人社會結構近年來有很大的變化。香港、大陸和台灣來的新移民驟增。香港因為九七回歸大陸，於是移民不僅大量移入，連資本、事業和經營技術都來了。很多香港人不僅是經營旅館飯店的老手，對旅遊事業也很專精。

大陸移民以學生身份來的居多，他們是赤手空拳打天下，條件是年輕力壯不怕吃苦。他們在學術界也漸漸地取代了台灣人的優勢，飯店打工已經是大陸移民的天下，台灣移民是帶著大把鈔票來的，世界日報有一篇很精彩的分析，題目是：「香港人開飯店，大陸人做飯店，台灣人吃飯店」，點出了華人移民加拿大後的社會結構現象。

非洲的原始森林

　　衣玄夫婦在香港四年，兩人都換過幾次工作，職場生涯倒是一帆風順。平順之餘他們沒忘回饋家人，2000年6月妹妹結婚時大力支援；到了年底又突發奇想，邀請兩家雙親，組成六人旅行團，來一次豪華的非洲之旅。

　　我們先到肯亞的荒原，看野獸出沒；再去坦桑尼亞的海灘曬太陽。老少三對夫妻從亞、美、歐三大洲分別出發，到肯亞的首都乃洛比（Nairobi）聚齊，從1月19日（2001年）開始了十三天的夢幻之旅。

行程由衣玄一手安排，她和肯亞的非洲地平線旅行社（African Horizons美國人經營）詳擬了細節，分別簽訂合同。在這個地區旅行要打許多預防針，黃皮書非常重要，還要投保一些特別的保險。

荷蘭航空公司KLM有直達班機，從阿姆斯特丹直飛乃洛比。親家夫婦達夫和貝德要從他們的家鄉密爾瓦基（Milwaukee）到芝加哥轉機，飛到阿姆斯特丹和我們在候機室相會，再一同轉機到非洲，機上的座位也預先訂好坐在一起。

1月19日一早，衣藍送我們到布魯賽爾機場，不料因為霧大，到阿姆斯特丹的小飛機取消，荷航安排計程車，開了三小時，送我們到阿姆斯特丹機場；達夫和貝德他們已飛越半個地球來到，剛辦完轉機手續，如約在候機室相會，一同登上去肯亞的這班飛機。經過八個多小時飛到目的地，當地時間是晚上九時（與西歐約差二小時）。旅行社派專車來接我們至史坦勒

旅館（Stanley Hotel）住下，游泳池就在我們這一層樓，我們將行李擺好就趕著去游泳了。

衣玄因為去美國出差，再趕回香港與羅安生會合，第二天六時才到，六人在餐廳聚齊，歡呼擁抱不在話下，大夥享受完豐富的早餐後就踏上征途。

肯亞共和國位於非洲東南的印度洋海岸，地跨赤道，面積接近六十萬平方公里，人口兩千多萬，主要的是兩大土著：邦杜（Bantous）和尼洛底克（（Nilotiques），各自包括了許多部落。

1月20日，登上特別裝備的狩獵車北上，穿越廣闊的原始林區，群獸出沒，不時停下來觀賞拍照。司機兼導遊大衛是肯亞原住民，經驗豐富、英語流暢，一行七人十分融洽。愈走地勢愈高，中午趕到著名的山上旅館（Mountain Lodge）用餐。

這是一座面對天然水源的臨淵建築，外表用樹皮裝飾，整個外觀像棵大樹，所以又叫做樹屋（Tree House）。每一個房間的後陽台都面對這個水源，居高臨下，可以清楚地看到群獸前來喝水、舔鹽。這裡海拔二千五百公尺，動物種類特別，體型較小。

次日原車下山，穿過北回歸線，進入另一個原始林區桑碧落（Sambaru Game Reserve），住進桑碧落山莊（Sambaru Sarena Lodge）。這座原始林中的平房旅館，裝潢是森林風格，設備豪華；餐廳別緻，有頂無牆，猴子常常從天而降，搶走客人的麵包；餐廳面對露天的泳池富麗寬敞。

第二天一早，大衛把他的車蓬撐起來，可坐可站，載我們去看日出、追蹤早起的野獸，成群的班馬、野牛、大象、長頸鹿在周圍出沒。

　　自由活動時間，大衛帶我和衣玄參觀一個遷來不久的土著部落。七、八戶人家，男女老幼一兩百人口，分住在二十多個用竹木樹皮建造的帳篷裡。男人花幾天工夫蓋一幢帳篷就可以娶一房老婆。他們是屬於尼洛底克（Nilotiques）種族，皮膚漆黑發亮，保留著許多原始的習俗。日常的工作都是女人來做，習慣用頭頂著罐子汲水、運物。身體裹在一條鮮艷的披肩裡，赤腳，身上掛滿了首飾。男人的耳朵下墜開一個大耳洞，塞進一個木栓（像酒瓶塞），使得兩耳垂肩而變形。他們遊牧，主要是喝鮮奶和以鮮血。在獸頸上開一個口子，裝一根吸管，可以隨時放血，我們覺得殘忍，但他們對於這祖傳下來的飲料早已習慣，毫無所覺。

　　在桑碧落山莊住了兩晚，基本上是享受旅館的豪華，還不算進入蠻荒。1月23日早餐後上路，開向下一站的德拉莫爾營地（Delamere Camp）。這個營地是建築在山林中的一片帳篷旅館。帳篷中有舒適的設備。主人宣佈歡迎酒會設在大河岸上，趁天亮的時刻，可以觀賞一下周圍的景況。

　　大家回房稍微整頓就登上營地專用蓬車，在林中穿行半小時到達河邊的酒會，會場設在臨河的一個懸崖上，擺設了各種飲料，火架上烤著各種野味，正是夕陽西下的時候。這裡是在南半球的回歸線上，溫度約在攝氏二十度，晚風習習，非常舒適。對岸是連綿的森林和遠山，方圓數百里之內，除了這一片帳篷，並無人煙。

　　晚餐的酒宴豐盛，餐廳的佈置別緻，帳篷每戶二人，住滿也不上百人。今夜是農曆除夕，我們竟在這蠻荒的原野中度歲，都虧衣玄想出來這樣的主意。貝德和達夫一再恭賀我們的新歲，大家舉杯。去年千禧之夜，在地中海太陽海岸歡慶的情

景歷歷在目，現在又跑來非洲的荒原過農曆除夕，古人秉燭夜遊如何能及！

守歲的節目是午夜追蹤（Over night game drive），大家換上雨衣，登上特別裝備的森林蓬車，在叢林中奔行；導遊用強烈的燈光追蹤出沒的野獸，蔚為奇觀。

凌晨二時回到帳篷就寢，已是農曆蛇年元旦，一夜鼾睡，疲勞盡除。

這是進入蠻荒的第五天，大衛要送我們回乃洛比搭小飛機到另一個原區。路上經過納古玉大湖（Lake Nakuru）欣賞紅頂鶴奇觀，遠遠看去水天相接處是一條無盡的紅線，距離愈近，紅線亦漸變成紅點；待到跟前一看，紅點居然是一隻隻在湖邊覓食的紅頂仙鶴，千千萬萬，無窮無盡，堪稱奇觀。

司機大衛是肯亞的原住民，忠誠熱情、精明幹練，幾天來和我們建立良好的友誼。他有五個兒子，最小的十七歲，在我們經過的小鎮上工作，跑來和我們招呼。送我們登機以後他的任務就要完畢，按照旅行習慣加付了他的服務費，在機場依依不捨的道別。

在德拉莫爾營地時，鵬子的小錢包掉在蓬車上，營地的人撿到後，用手機通知大衛，當時他答應盡力設法取回，我們並未寄予厚望；後來旅行全程終結，再回到乃洛比搭機回航時，旅行社的總接待交來那個小錢包，令我們喜出望外。鵬子取出十分之一金額請他們轉交大衛並寫一封專函給旅行社致謝。

1月24日亦是農曆元旦，下午三點半乘小飛機，四十五分鐘到了著名的野生動物區馬賽馬哈（Masai Mara），住進總督營地（Governors Camp）。這是個軍營式的旅館，到處有荷槍的

警衛防範野獸入侵。帳篷內也還舒適，有水無電，用煤氣燈照明，住客不能自由行動，尤其是夜晚。

在這裡節目排得最滿，每天三次出巡。早上六點半出發，出發前有咖啡、茶送到帳篷裡，九點回來享用豐富的早餐，十點多再出巡，下午一點回來吃中飯，休息至四點再出去，而晚上還有精采的表演節目。

頭一晚睡到半夜，帳篷一角被重物撞擊震動，鵬子酣睡不覺，我也再度入夢；第二天才知道有大象闖入營地，把隔壁法國人的帳篷撞倒，臨去轉身象屁股碰到我們的帳篷一角。

這個區域野獸成群，才真正地體會非洲原野的風味，仔細地觀察了許多動物的出沒活動。成群的大象、巨大的河馬和犀牛、優雅的長頸鹿、醜陋的鱷魚、兇殘的獅子、精靈的花豹、以及狼的軍師專吃腐肉的狼……

有一天我們的蓬車跟蹤一頭母獅，看牠把初生的兩隻小獅子藏在草叢裡，自己出來覓食，忽然發現一頭大鴕鳥向牠的窩巢走近，就飛奔回去，把鴕鳥趕走。導遊說，鴕鳥很壞，牠不吃肉卻喜歡把小獅子趕出去暴露，叫母獅子著急。

有一次象群從車前橫過，領頭的大象，威風懍懍，擋在車前，觸手可及。司機表情嚴肅，示意噤聲勿動，待大小象眾一一通過，這隻天王巨象才緩緩退走。

這裡的花豹（Cheetah）非常靈巧，牠奔馳的時速可以超過一百公里，亦能竄上大樹的顛峰。我們分幾次看牠把吃剩的半隻花鹿，拖上一棵大樹，架在樹頂的枝椏上，然後招喚在近處遊逛的小豹子來吃，牠則悠然地橫臥在最下面的橫枝上，姿態優雅安逸。

狺（Hyaena）的長相猥瑣，生性殘詐，專吃腐爛肉類。一群獅子分食一頭水牛，牠遠遠地觀望、耐心地等候，等人家吃完走了，牠就來吃剩餘。可是我們也看到一幕狺的天倫之樂：兩個大的帶著三個小的，玩耍嬉戲，也充滿了慈愛和溫馨。

引為奇觀的還是二象決鬥，在夕陽下的地平線上，兩隻巨象擺開架勢，豎直鼻子，仰天長嘯三聲後衝向對手，兩鼻糾纏、笨體推磨，然後分開，各自退後，三進三出，不分勝負，最後再豎起鼻子大叫三聲，便各自歸隊。

在總督營地兩晝夜，結束了一週的肯亞荒原之旅，1月26日再乘小飛機回到乃洛比，仍住史坦勒旅館。當晚去一家特色的飯店，品嚐野味。這個飯店的氣勢不小，但野生動物的肉如鱷魚、鴕鳥、野鹿、豬、牛之類都不鮮嫩；反不如營地的烹調可口。

1月27星期六，從乃洛比國際機場搭機飛到坦桑尼亞的一個小島「桑仁巴（Zanzibar）」開始五天的海灘休閒，又是完全不同性質的享受。

這樣的玩法，除了花費，還得有足夠的精力。要能跑、能跳、能吃、能睡、能欣賞，才不虛此行。

托斯卡尼的秋天

　　許多年了，常聽人提起義大利最美地區Tuscany，義文為
Toscano，是以自然風景、古城堡、美酒、鮮美蘑菇、火腿、硬
硬的寬麵條成名於世。因這個地形以高地、丘陵組成，要參觀
遊覽需要自己開車，路小而曲折，上下坡多。據說，當初這地
區因為沒經費，所以無法改建為現代摩登化，結果反而成為義
大利最吸引人的觀光盛地，Tuscany保留了最有代表性的鄉土產
品，也是現代最具古傳統特色的地區。

　　八月時，好友阿潘無意中在網上找到0.1歐元可來回pisa
（比薩）的機票，於是先訂票，萬一去不成，損失的起。大家
分工合作，找地圖、租車、訂旅館、景點餐館打聽做筆記，大
夥e-mail與電話不斷。
五個中年婦女終於在11
月4日出發了，展開一
星期開車探險的壯舉。

　　Tuscany 位於義大
利中部，22,992平方公
里，3百50萬人口，並
擁有Florence及Pisa兩個
國際機場，Florence距
Roma 約要搭2.5小時的

火車，距米蘭約3小時車程。這塊葉狀土地分東、西、南、北、中五區，我們此次去最重要有名的Central Tuscany（中央托斯卡尼），以Siena為中心，往四邊伸展成扇狀的美麗城堡、Chianti Classico region（產酒之路）、平原上樹林中的農莊、山頂上雄偉的古城、每天在S2高速公路上，兩旁是中世紀建築及Cypress樹，綠意盎然連綿成一片片的橄欖樹，秋高氣爽，延途黃、金、紅各色樹葉飛舞，形成美不勝收的自然景觀。

　　以藝術、歷史古蹟建築聞名於世的托斯卡尼，除了三大城市外，鄉下農民還是過著日出而作、日落而息的日子，中午1點到3點半商店休息，各處充滿悠閒緩慢的輕鬆氣氛。實際此處產的玻璃、大理石、腳踏車、橄欖油與酒行銷全球。而每個城的piazza（城中心廣場）都有季節性的慶祝活動，穿古裝賽馬、上千個攤位每星期趕集，非常有地方特色。

　　秋天天黑較早，我們每天早餐後約9點半左右出發，看兩三個城，中午吃頓當地風味餐。我們嚐了Porcini美味蘑菇、野豬肉和Chianti美酒。一天大約開100-200公里路程，一人開車、一人看地圖指揮方向、一人看路標、一人付錢、一人記帳，五人各司專職，約下午5點半以前回到旅館，大夥走了一整天，先去Sauna半小時、游泳半小時，回房休息至7點半再享用豐盛的晚餐，餐後繞著旅館散步四圈約40分鐘，然後上床睡覺。

　　托斯卡尼的美麗古建築，主要是以Gothic（哥德式）、Renaissance（文藝復興）、Classical Roman（羅馬）建成的，不是一座座古堡，而是一城城古堡，加上城牆圍繞，座落在高高山崗上，加上秋天山景，美得讓人摒住呼吸。每個教堂都是壁畫充斥，西元1245~1315年的Giovanni與西元年1524-1608年的Giambologne都留下不朽的壁畫。

◎重要遊覽的城鎮如下：

- San Gimignano：美麗塔之城，有14座中世紀保存完整的高塔聳立，從外面看沒有窗戶，有兩條主要街道大多是畫廊及珠寶店，遠看近觀都雄偉好看。

- Siena：位於托斯卡尼正中間，是除了Florence外，最重要的城，以Narrow式街道，Medieval建築物和美麗紅磚著名。從這裡到附近名城，都是40-50公里車程，我們經過考慮後，選了接近Siena的旅館。Siena是個有七層樓高的城，街道成圓形環繞，從停車場有電動手扶梯一直上到最高的Pizza del Duoms 大教堂，教堂建於1339年，Gothic哥德建築，太陽形標記在大門頂上，有部份至今沒完工。城正中心Pizza del Campo是圓形成扇狀九塊，不是用磚頭建成，從高到底斜入一個出水口的廣場，地是斜的，走路像要倒似的，市政府及旅館餐廳環繞，每年7月2日、8月16日有古裝賽馬，這是個大節日。廣場左邊噴水池是15公里外引來的泉水，附近每星期三有大趕集。我們在這個城玩了二天。

- Pienza：教宗Pius 2於1405年生在此地，1458年當選教宗，Pius 2一心想把這城建成Renaissance 文藝復興城市，但沒有成功，有個紀念他的教堂。
- San Quirico D'orcia：在很高山上一個修道院，植滿橘子樹、柿子樹，一片果實累累紅綠相間的果林，修士全是帶帽白色長袍，非常好看。
- Volterra、Montalcino、Asciano：都是看古劇場、古教堂。

◎其他美食：

- Plum Tomato：是一種外型雖小，但具濃厚香氣且口感很硬的大紅番茄。
- Crostini toast：指麵包烤黃塗上橄欖醬、蒜醬或魚醬。
- Fagioli All'Uculletto：指白豆、蔬菜及番茄醬，是本地常吃的菜。
- 寬麵條硬硬的很好吃。

另外要提的是，義大利吃飯店要收座位費，還有叫咖啡別忘了加一句「美國式的」，不然份量只有一小口。

西班牙費南度之旅

　　這次能夠與美歐的家人聚會，完全是敏儀的功勞；多年的交往，尤其是去年春天在美一待快兩個月。說是去陪女兒，但她要上班、出差、應酬，其實真能和我相處的時間不多。老媽我只得莊敬自強，好自為之了。好在敏儀正好賦閒在家。結果變成我陪女兒，她陪我，玩得不亦樂乎！

　　今春從台灣、香港、柬埔塞回來，舊話重提，她參加的Time sharing可以安排去西班牙海邊住一個星期，我們只要負擔機票，於是我們一行六人（三對夫婦）就在結束巴黎夜總會、荷蘭十年一度花展的行程之後浩浩蕩蕩出發了。

　　等飛機到了Valencia機場，才發現我們要住的海邊，離Valencia開車一個多小時，在98公里外，原來大夥以為就在城內，並計劃了一大堆行程，在互相取笑奚落後，開著租來的車，我們就奔向未知數，上7號高速公路，從Oliva下來再走7公里就到我們目的地San Fernendo，只見近海邊一片白色小洋房。附近還在工程中，房屋代理在等我們，是兩房一廳，廚廁齊全的新式洋房，面海一個大陽台，放下行李，先解決民生問題，在附近的飯店吃了意外好吃香脆的Pizzer，大家重新商討行程。

　　我們門前的海灘，就是有名的Costa Blanca中譯為白色沙灘，面臨地中海，而我們住的這個渡假中心，位於Valencia和Alicante兩大城之間。出門就是332號公路，經大夥研究了地

圖，並與渡假中心的服務人員討論，擬出一個經濟實惠又省力的遊玩路線。我們每天訂一個目標，沿著地中海岸線，探訪有特色奇景的小城，首要考慮是有好吃的海鮮餐廳，次要考慮的是有物美價廉的購物站，第三考慮是有馳名的博物館、美術館或教堂。

我們每天早餐後帶齊全所有裝備，出發往目的地，行程都在1-2小時之內。一抵達海邊美麗小城，先直奔遊客服務中心，詳細瞭解當地環境，再找好吃飯店（詢問二、三家以沒有觀光客不太會講英文的店為優先）。

第一天去玩了Denia，一個小巧可愛漂亮，充滿帆船的地中海邊小城，我們先在一個小小充滿花香的小公園小憩一番，等著古堡開門後入內參觀。中午在一家擠滿西班牙本地人，香味四溢的飯店，六個人點了十幾盤菜（Tapas），吃得人仰馬翻。海邊小城每天下午五點半到六點是漁船回航的時候，只見一群人手提空籃子，等在港內漁市場邊，看著一艘艘的船列隊進港，船上的海員們忙著把漁獲分放進大竹籃。奇形怪異的魚、蝦、貝殼類看起來極為有趣，我們也跟著買了一些新鮮的魚、墨魚、蚌殼帶回去當晚餐。六個人興高采烈回到住處，又洗、又切、又出主意，幸好出發前早有計劃，所有中國的調味料，甚至做臘味飯的各種臘味都帶來，因此晚餐菜色又是精彩絕倫。晚飯後到海灘散步，四月這時節若下水還是太冷，但是海風暖暖吹拂令人感到非常舒服。

三位太太中就屬弘美最年輕、能幹識大體、溫柔美麗。敏儀居中，勤快能吃虧，聰明懂事。我比較年長，見識較豐富、做事清楚俐落。大夥好吃愛玩，程度都差不多，彼此默契很好，都搶著做事，分配工作沒有人推拖。

第二天去了比較遠的Calpe城，Playa Arenal-bol海灘就和主要的大馬路平行，呈長條形狀的城風景奇美，我們玩了Parque Natural del Penon de Ifach一個海灣中岩石聳立的小山，爬上去後的風景很棒。傍晚買了魚又大吃一頓。晚上輪流打麻將，不打的人洗澡。

第三天休息一天，洗洗衣服，海邊散步，曬太陽，陽台上看小說。

第四天精神飽滿，依計劃要開車逛逛這附近最美的山路，七拐十八彎，只見滿山遍野的橘子林，還有用塑膠棚子保護起來的枇杷樹，遠山在薄霧中若隱若現，沿途風景非常迷人，令人有一種遺世獨立的感覺，我們還因此停車照相好幾次。經Pego Tarbena，Bolulla，Callosa d'En Sarria，到Guadalest看山頂上的古堡及博物館，回程原本要去看Fonts de L'Algar大瀑布，卻在有如迷魂陣似的橘子與枇杷果園中迷路了，找來找去，兩部汽車原地掉頭好幾次，大夥都累壞了。最後我們停在一個枇杷樹林的中央，攤開地圖研究時，看到唾手可得的枇杷，又大又黃，沒人提議但不約而同的偷起枇杷來，等大夥笑成一團，人也不覺得累了，才發現趁沒人發現前得趕快溜。看完瀑布，一面吃偷來的水果，一面開車回來，心情好的不得了。

我們持續在海邊小城觀光的行程，這天的節目是開近一百公里去看Valencia。Valencia城是西班牙以人口計算的第三大城，這一帶物產豐富，產米、水果、木材、造船、化學、紡織再加美麗又多樣的建築。此城在西班牙歷史上多次被外族統治，羅馬人、阿拉伯人都曾佔領過，所以有著多采多姿不同的建築風格。許多學建築的人更特地來參觀瞭解城內建築的多元與奇特。我們也七拐八彎的找到那一紅一綠的兩棟建築，兩棟

房子極端滑稽，就像一疊不規則的衣服，柔軟的放在那裏，而且窗戶不是方形的，實在看不出怎麼不會倒塌，藉此機會拍些照片以便向我家的建築師衣藍和敏儀家的郭淬，展示一番。我們到達城中心時，本想先找西班牙油條（cudoze）來吃吃看，結果好像因季節不對而無法如願，所以只能隨便吃個早餐就去參觀Museo-fallero教堂的哥德式建築，但覺得沒什麼特別。倒是附近一個傳統的菜市場建物非常吸引人——圓頂帽形的阿拉伯建築，全部都是磁磚舖成花樣圖案，燈火輝煌，很像台灣的市場，乾淨整齊，無論肉、魚、蔬菜、香料、火腿等食材都擺放得非常好看。我們這三個主婦當然非常興奮，買個不停，而三個遠庖廚的男生，則是照相機閃個不停。賣肉的小姐比電影明星還漂亮，我們三位太太發現人比貨經看，趕快買了四個豬腳，並請美麗的豬肉西施替我們切成小塊，藉機讓男士們與她多聊幾句，也要求合影一張，真是皆大歡喜。

　　我們在旅客服務中心打聽清楚如何去有名的IVAM（Instituto Valenciano de Arte Moderno）的路線，主要不是去看展覽，而是看那個世界聞名的建築物。它分兩個館，一個是Centro del Carmen，另一個是Centro Julio Gonzalez，服務中心的人建議我們搭公車去，約半小時的車程，坐在公車上不僅可沿路瀏覽街景，更不必擔心走錯路、停車或變天，心情自然輕鬆愉快。這個科學館建在四面環水的中央，圓形玻璃屋頂。停車場上面，是個透明長方形的熱帶植物花園，陽光下奇花異草怒放，平衡了科學展覽的冷硬感。我們繞場一周，拍些照片又上公車回城裡。

　　這次西班牙之旅，最有成就感的是耀鴻。因他的外文名字是Fernando，結果我們住的海邊小城叫 San fernando，我們樓下

的超市叫 Fernando超市，舉凡飯店、街道、雜貨店、電影院、
理髮店都以Fernando為名，所以他非常得意。房屋代理、豬肉
西施、飯店老板娘、各種年齡的西國佳麗，他都合照紀念，順
便交換地址，保證洗出立即寄上，他雖一句西班牙文都不會，
但什麼事一看就明白，都是他在解說，你說奇怪不奇怪？我們
大夥猜想耀鴻上輩子說不定真是西班牙人，不然怎麼會像遊子
歸家般那麼自然的就融入當地的文化?!

訪陸徵祥博物館

　　2007年9月27日，擔任義工的我，安排了市魯賽爾的華人長青俱樂部的十一位會員到比利時的名城布於日（Brugge）參訪了陸徵祥紀念館。

　　布於日是比利時最秀麗的城市：滿城河流交錯、小橋流水，古意盈然。這個城市大約三年前曾與蘇州結為姐妹城市，這種對外交流活動在改革開放以後，政府大力推動，頗有成效。

　　陸徵祥先生曾任北洋軍閥時代的內閣總理、外交部長、駐俄大使、駐荷大使，以及第一次大戰巴黎和會的特命全權大

使。他是近代外交史上的奇才，對外交部的制度規劃極有建樹。他一生最大的遺憾是對日談判並簽訂廿一條款，這個條款是袁世凱在日本大軍壓頂之下早已決定，他不過是受命而已，但仍在可以抗爭的部分極力爭取，例如取消了最為不利的第五條條款。當在駐俄時期結識比利時天主教信徒培德女士，並與其結為夫妻，二人恩愛逾恆、精研教義，他成為虔誠的天主徒。

1919年戰後的巴黎和會，他是特命全權大使，率領駐美公使顧維鈞、廣州政府代表王正廷、駐英公使施肇基、駐比公使魏宸祖（僑領魏蔣華的公公）出席。由於山東問題爆發，日本堅持繼承戰敗國德國之權益，中國發生五四運動，戰勝國不顧中國反對，接受日本要求，中國代表團拒絕簽字。會後，陸徵祥即辭去官職，陪同夫人留比養病，並投身教會工作，他在夫人病逝以後更全心投入教會工作，還擔任了Brugge Staint Joseph Abbey教堂的本堂神父。

陸徵祥（Lu Zhengxiang），1871年生於上海，家庭背景良好，父親是基督徒（Protestant catechist）自幼聰明好學，精通多種語文。他於1949年去世，比國教會為紀念他的貢獻，成立了陸徵祥紀念館，將他生前事跡都蒐集保存下來以供後人瞻仰，當年陪伴他的神父Pere Victo也是目前年邁的紀念館管理人。

比利時的老人乘公車免費，火車國內一律四歐元。大家約在中央車站集合（Central），這是長青會習慣的約會據點，因為只有一個大廳，不會找不到。大夥準時上車出發，一小時就到了布於日。潘淑華夫婦各開一車，已在下車站等候，兩部車剛好坐滿十一人。淑華的先生Fernant出生在此城，對當地的名勝如數家珍。我曾多次來此遊歷，都沒有這次仔細，又逢陽光普照，一群老人平安返回比京，一日遊圓滿成功。

註：紀念館館址：Zenvenkerken 4, Brugge ；Pere Victor Tel. 056/460139

文化、美食古城

——揚州遊

　　曾經聽過唐李白詩：「故人西辭黃鶴樓，煙花三月下揚州」又聽到「腰纏十萬貫，騎鶴下揚州」、「綠楊城郭是揚州」、「無人不道揚州好，賞景還憶玉人簫」想當年揚州好像是很多人想去的地方，文人墨客、商賈俠盜雲集。到底這個地方為什麼會這樣吸引人？這倒讓人想搞清楚了。

　　印象中，揚州廚子、揚州修腳師父、揚州剃頭師父聞名全國，感覺是些不能登大雅之堂的行業。所以心目中並沒想過有一天去揚州看看，也從未列入中國旅遊的玩點考慮。

　　這次被招待去揚州玩，是以一種品嚐好菜，跟著大夥湊熱鬧的心情去的。沒想到旅程中卻好像進入了章回小說內的場景，古色古香、亭台樓閣、雕樑畫棟、曲折迴廊、名園泉水都不是文人墨客以驚人的想像力，用生花妙筆杜撰出來的，而是真的存在，揚州具備令人一遊再遊的魅力，甚至是個可考慮養老定居的地方，此時才發現自己真是孤陋寡聞。

　　揚州是准揚菜重鎮，舉凡揚州炒飯、獅子頭、魚頭、豬頭、鹹鴨蛋、

三丁包、醬菜、牛皮糖皆很出名。但兩天一夜逛揚州，實在很難看清楚更談不上暸解，只記得買了扇子、菜刀、修腳刀，又吃五頓精彩絕倫的酒席，雖然每頓都有獅子頭，但味道皆不同。

吃飯的地方也是大有名氣、特色，充份表現出揚州名廚與眾不同的烹飪法，記得有頓飯吃了五種活魚加上河豚，有的四十公分長，有的像指頭那麼小。因為太精彩了，所以每道菜端上來，先不准動筷子，讓大夥拍照存查，非常忙碌。還跟廚房索取了菜單，並用筆在每個菜名後加以註解——魚名、尺寸大小、形狀、煮法、味道。

雖有菜名照片及註解，結果回來以後還是不知所以然。因為一道菜生平第一次吃，再用心也不可能搞得清楚。這些是名廚從古到今，用了多少心思及時間研究出來的獨特做法，豈是我們這些門外漢一吃就明白的呢！

揚州的地理位置很好，在江淮平原的南端，南臨長江，北逢淮水，正中間有大運河貫穿，東邊又通大海，城內河渠成棋狀排列。加上氣候不冷，溫暖適度，各種花草、漁產、牲畜盛產。

揚州不但風景宜人，從古到今保有大量文化遺產，名人如李白、蘇軾、曹雪芹，梅蘭芳、朱自清，甚至遠至元代馬可波羅都待過揚州，揚州八怪更名揚國內外。古運河邊建出晚清第一園——何園、中國第四大名園——個園，以及汪氏小苑、盧家大宅、徐園，這些千古名邑，使揚州整個城風采不俗。一副漁米江南人間天堂之勢，造就了這個2500年的文明古城。所以說「唐宋元明清，從古看到今。」

漢廣陵王墓——漢陵苑，是漢代廣陵王夫婦的合葬墓（揚州漢時叫廣陵），現在是博物館（1986年建），它是現今世上

保存最完整，「黃腸題湊」（結構的名稱）式的木槨墓，是揚州值得一提的稀世珍寶。

瘦西湖

在品嚐了著名的「紅樓宴」：有賈府冷碟9樣、寧榮羹湯3種、怡紅細點9盤。然後坐上乾隆皇帝遊揚州瘦西湖的龍舟，一邊品茗，一邊聽導遊小姐出口詩詞解說，遊覽這個由十幾個私人名園組合而成的美麗、巧妙、四季風景迥異的「瘦西湖」。

大明寺

揚州人常說：「早上皮包水，晚上水包皮。」表示喝的泉水好，澡堂講究。大明寺始建於南宋孝武帝大明年間，清朝康熙、乾隆二帝多次南巡淮揚，因此擴建很多。有清初蔣衡書「淮東第一觀」、王澍書「天下第五泉」、「印心石屋」、「西苑芳圃」等名勝。唐代高僧鑑真東渡日本傳授戒律，並將建築、雕塑、藥物、漢文傳播至日本，他的干漆塑坐像1980年由日運回供奉於紀念堂內。

總之，這次到上海開會，除了以文會友，老朋友們見面很開心外，揚州行是個意外收獲，以後到中國旅遊，又多了一個想去的地方了。

希臘美麗的科孚島（CORFOU）

　　那年和好友Catherine約好找個美麗安靜有特色的小島，住在五星旅館過一個禮拜豪華自由生活，讓身心好好放鬆一下，於是選中希臘群島中的科孚島——一個盛產橄欖座落在伊奧尼亞（Ioniennes）海域的長形小島。

　　科孚島約六四一平方公里，人口有十多萬，曾被維尼斯共和國統治，1864年度才回歸希臘，是希臘最靠近義大利的島。另一邊鄰近阿爾巴尼（Albanie），島上到處是樹、花、石屋、小徑、中間有Ropa河。科孚島北方是山、中間是狹谷、南邊是平原，形成多彩多姿極富海島特色的美麗小島。

　　我們在四月一個空氣清新，陽光普照的天氣下抵達這個島，即將盡情享受地中海的氣候、食物、人情、風俗，與西歐迥然不同的風情。那種開放、鬆懈、隨性的另一種生活方式，也正是我現在精神與身體所需要的。坐在旅行社派接的bus上，看著窗外街道兩旁高大的夾竹桃隨風搖曳，遠近高高低低的白色地中海型房子錯落有致，海島特有曲折彎延的道路加上海風吹拂，讓人充滿渡假的期待與盼望。旅館座落在山頂上，是島上獨幢且最高的建築物，三面臨海，從房間的大陽台可眺望美麗小港口及長堤。特別是每天可看到日出及日落，尤其傍晚紅霞滿天五彩繽紛，讓人忘了人世間所有爭名奪利與生老病死。

　　旅館的早、晚餐豐富講究，生菜青瓜番茄香脆可口，這裡陽光充足，蔬果自然生長，比較沒有污染。所謂地中海式食物被人讚不絕口是有道理的，而且希臘人至少科孚島的人，非常以他們的廚藝自豪。我們滿街找不到中國飯店，驚訝之餘，打聽後才知道這裡的人不吃中國菜。雖然如此，這也難不倒中國人的謀生能力，他們改賣衣服、皮包、手飾，到了五步一家的程度，價格非常便宜，我們除了享有折扣，還又買又送，帶回來不少戰利品。

　　科孚島夏天日照11-12小時，冬天較冷，比希臘本土大陸還潮濕，年溫在13度到32度之間，平均溫在22-24。科孚島盛產橄欖，號稱有五百萬株橄欖樹，佔世界產量的30%。看當地人收取橄欖，非常有趣，在看不到邊的橄欖樹林中，把沒車頂中空的貨車開進去，停在計算好的位置，預先在地上鋪一個大網子，用電操作，往上收起來倒進貨車，很快裝滿一車，真是巧思。島上其他鳥、魚、蝙蝠、海龜、蛇等奇珍異獸也很多。科孚人的語言、服裝、建築受維尼斯影響很大，Pantokrator山及Vlachernes修院、Angelokastro古堡、Glyfada Sidari Rhoda……等和沙灘島上最古老的村子Palaia Periyheia，都是探訪的好去處。比較值得一提的是奧地利的伊尼沙白皇后Sissi（L'imperatrice Elisabeth D'Autriche）（我愛西施電影故事），曾因病來科孚島休養，由Kaiser Guillaume 2修建，座落於Achilleion的夏宮，宮中有很多Sissi畫像，還有佈置華麗的大廳、臥室、起居室、花園等等。但在榮華富貴，驕奢權重的背後，看得出也感覺得到有許多無奈、失意和委曲環繞身後，這是千年不變的宮庭定律。

　　Catherine個性隨和細心，外語強，很盡心照顧我，總是怕我太累，是個很好的玩伴。旅遊分很多種類，名山大川或世界名勝、或博物館教堂或特殊風味；旅遊也可以只是吃吃睡睡，看藍天白雲，深思低迴，不趕著做什麼，島上沒有世界聞名的勝地，但舒服自然放鬆，這樣每日走走看看，旅館出大門就有公車直達城中心總站，所有景點也都有公車到達。此外再參加有導遊講解的一、二天環島旅行團，整體而言，風景美、食物好吃、氣侯好，這種旅遊是最值得的去的，令人回味無窮！

卷二一 韶光荏苒

黄三篇

大姐素之

　　素之姐大我一歲，我們是同父異母，她自幼細弱嫻靜，說話輕聲細語，學習全班第一。我生性活潑頑皮，不喜歡讀書。抗日勝利那年她初中畢業，考進北京名校讀高中，不久國共內戰展開，山東老家解放，子弟紛紛外逃。

　　我獨自在戰火中亡命，輾轉來到台灣。讀書、工作、結婚，建立了幸福富裕的家庭。姐姐和我通過幾封信，知道父母和大哥都不在了，總是語焉不詳。台灣開放大陸探親、我匆匆趕回老家看姐姐，四十年的闊別，她從苦難中磨煉出來，完全變了另一個人，她的遭遇叫我心疼，她的成就使我震驚。

　　原來她在北京只讀完高中、全國解放了，考上北大念不起就做了小學教師，他念高中時認識大學部物理系的高才生趙一塵，戀愛三年結婚。趙讀研究所，她教小學，生活雖清苦，日子卻甜蜜。到了1955年的反右鬥爭，一塵被劃成右派發送新疆勞改，姐姐當機立斷與他離婚劃清界限，以保全三個幼兒的生活。她北京待不住，回到老家曲阜，當上二師的教師。這時她才學出眾、品貌秀雅，有許多人對她表示好感，其中地方教育主管孔德道追求最力。此君是黨的優秀幹部，喪妻不久，對素之坦誠相見，希望她能做他的繼室。二人反覆商談，素之的條件是：

一、正式結婚是形式，正如她和丈夫離婚，不過適應政治形
　　勢，若她丈夫未死，有一天回來，這個形式的婚姻立即
　　終止。

二、孩子的教育借重他的關係，孩子的教育費用由她負擔，不
　　花孔家分文。

三、結婚手續、婚禮宴客等等由他隨意安排，她都同意，但現
　　在所談的條件，必須擬成私人合約，經公証處驗證，永
　　無反悔。

　　大姐再婚以後，正式做了孔夫人，料理家務，照管孔家的
孩子，但她最大的責任是教養自己的二子一女。這時正當大躍
進年代，日子難過，她教孩子到田野挖野菜賣錢，家有餘糧，
做成鍋餅，拿去賣錢，都是學費來源

　　幾年以後三個兒女都了進了大學：老大是清華物理系研究
生，老二是北大企業管理系，最小的女兒也入了上海音樂學院
專修鋼琴。文革過去了，趙一塵平返歸來，孔德道如約離婚，
姐姐和姐夫也舉行隆重的婚禮，闔家歡樂、共慶團圓。

　　可是姐夫在新疆積勞成疾，回來後恢復工作，只去他舊日
的研究單位報到就回家養病，也參加了女兒榮獲全國鋼琴比賽
大獎的頒獎典禮，卻來不及分享到她在歐洲大賽得獎的風光。
他過了八年重見天日的生活就過世了。他原籍天津，姐姐送靈
柩歸葬故里，買地建墳。

　　改革開放以後這家人繼續發光：大兒子主持了北科院現代
物理研究所，多次出國講學，老二在淄博創辦電子工廠，員工
五千。

　　我第二次回去看她是應邀參加她的受獎典禮，她被選為全
縣的模範母親。兒子學術界的好友同事、工廠的員工代表、女

兒的老師、同學和聽眾、她自己的學生們、地方觀眾，將鼓樓門前的露天廣場擠滿。我陪他坐在台上，心中感慨萬千，心想我們小時候她是那麼文弱害羞，如今卻站在麥克風前，面對幾千人侃侃而談，真令我為她驕傲、又為自己慚愧！
（20/09/2007）

我的初戀

青梅竹馬

1944年，我從曲阜師範附屬小學畢業，考進寧陽縣中。這個中學是有名的反日學人楊學賢先生創辦，師資和設備都有很高的水準。雖然我只念了一年初一，卻留下許多終生的記憶，並受到一些終身受益的教誨，也結下一些終生無間的情誼，更從這裡出發走上了四海為家的不歸之路。

所有老師中與我關係最好的是音樂老師趙明星，我跟著他學月琴和洞簫，使我沾上對音律的愛好。教生物的劉天一老師雖不苟言笑，但他的課卻非常動聽：他建立了我們對「界、門、綱、目、科、屬、種」的分類概念，以及觀察自然界和人文的關聯。

同班中功課最好的是一位叫甯淑萍的女生，她哥哥甯廷淦高我們兩班，是我的好友，他們的二妹愛萍低我一班，是一個漂亮活潑的小女孩，最使我動心。愛萍性情刁鑽，我喜歡逗她，她成為我青梅竹馬的戀人。

1945年家鄉解放，各地展開清算鬥爭，地主鄉紳四散奔逃，經歷了四年的亡命歲月，1949年9月我第二次當兵到了台灣。

寶島重逢

在軍中幾次培訓調動之後，1952年到八十軍做少尉無線電報務員，這是孫立人將軍的嫡系，不停地訓練和演習，踏遍了南台灣的田野和山林。演習完畢回到營房又不停地操練，操課之間的空閑大家擠在大通倉宿舍裡，軍官睡上舖，下舖是士兵。我在上舖讀書，下舖鑼鼓喧囂震天，彷彿要把你抬上半空，我闔上書本思量：自己不是黃埔出身，在軍中沒有前途，這樣的職業軍人不能做下去。

這是我一生中第二次情緒的低潮，經常失眠，醫官是我的好友，常常破例給我安眠藥。1945年在濟南當兵時期是我第一次情緒的低潮，那時我認識一個姓王的醫務班長，他也供給我一點藥品，所以這些年來我已養成習慣，倚賴安眠藥睡覺，陸軍總醫院的醫生認為我患了嚴重的神經衰弱症。

早就聽說愛萍也在流亡學校，之前寫過幾封信均無下落，這時竟得到她的回信。她在澎湖防衛部子弟學校讀高中，我們從此魚雁往還，寫出兩本深情雋永的情書。澎湖出一種化石叫「望安石」，她寄來一顆望安石雞心，心尖上有一塊殘缺，也未在意。

台灣海峽早有美國第七艦隊協防，1951年韓戰結束，台灣沒有必要維持六十萬正規軍，美國人建議裁減一半。我在軍中看到一份傳閱的文件，有一項現役軍人轉為備役的辦法。仔細地看過，再找相關的檔案來研究，認為這是走出軍營另求發展的機會，就按照規定的手續一步步辦理申請。

我們的副團長劉止戈中校待我很好，我對他坦白自己的心事，得到他的同情。1952年澎湖子弟學校遷到員林改名實驗中

學，劉副團長家住台中市，軍中假日他帶我到他家中做客，目的是成全我去員林探訪情人。

我和愛萍1945年在寧陽縣中一別到這時已七年不見，這段時間對兩個成長期的青年變化很大，幸而最後兩年書信往來，不覺陌生。她已從刁鑽古怪變得落落大方。學校才剛遷到一塊廢墟上，又回到篳路藍縷的流亡學校景況。這次見面更加強我申請退役的決心。

1953年暑假愛萍從實中畢業，考進台大護理學校，到台北讀書，我們曾多次在台北約會，新公園是我們常去的地方。

我在這年十一月退役，兩手空空走出軍營，第一件事就是到台北找愛萍談談將來的計劃。我們仍在新公園老地方見面，天下著雨、又濕又冷。她來了，冷得發抖，不開口，光流淚。我告訴她我的計劃，她沉默良久冷靜地說：「你不要再思念我，我不配，你去奮鬥吧！你將來的成就就是我的安慰。」她擦乾眼淚，毅然走了，頭也不回。

這是個驟變，突如其來，毫無警覺，恍如從高空摔下，幾乎爬不起來。支持我的是接受挑戰的性格和對愛的理念——愛非佔有，愛是關懷、愛是犧牲奉獻，成全你的愛人。我要走出一條光輝的路作為給她的安慰！

我的初戀就這樣結束了，沒有擁抱，沒有親吻，甚至沒握過她的手，可是卻讓我曾經魂牽夢縈、嘔心咯血、驚心動魄。

通往大學之路

在台北，我住表哥孫衡那裏，他在一家紡織廠做跑外。第二天他送完貨帶我去新店看一位同鄉，想替我找個工作和住

處。我們在羅斯福路台大門前等車，眼看著進進出出的學生，心中羨慕不已。

我從台北搭蘇花公路汽車去花蓮看武二叔，他是我在濟南當小勤務兵時的營長，後來供我念書，他這時在花蓮港口做聯檢處處長。

蘇花公路沿塹壁開鑿，十分驚險。中途有停車休息之處，我下車走上懸崖，望著腳下的濤濤深壑和眼前無垠的海洋，思潮洶湧，雖然決定再入學讀書，可是談何容易！我已經二十二歲，只有初中學歷，從何念起？大學入學考試競爭激烈，憑什麼進台大呢？生活與學費都很是很現實的問題。

在車上我一路默念著一句英文成語"There is a will, there is a way"有個願望，就有條路子。與武二叔談了我的想法，他很贊成，認為我有這個條件，他給了我一筆路費，第二天我就乘東線火車到台東再轉搭汽車經屏東回到高雄。離開軍營，孑然一身，又回到流亡學生時代，流亡學生跟著學校走，可是我現在何處寄身呢？

通信兵學校的同班好友潘家菊在防空單位做電台台長，駐防高雄鼓山亭一座小廟裡。我去看他，他邀我到廟中暫住，他說，廟中有空房，廟裡住持一定認為你是電台人員，我會對我們上司說你是廟裡的老百姓。我欣然接受，慶幸有了寄身之地。

接著就去工業職校看大叔，告訴他我的情況和計劃。我的學歷只有初中肄業，我要用最快速的方式進大學。大叔有個抗戰時期的朋友李升如，泰安縣人，山東大學英文系畢業，在台中縣霧峰鄉私立萊園中學教高三英文，私立學校好通融，請李老師介紹我去插班讀高中二年級下學期。

　　這時1953年11月，離學校開學還有兩個月。英文科目方面，因我在軍中每天聽空中教學，不斷自修，心想跟班應該沒問題；數學高二下大代數已講了一半，必須把前面的補上。我去書店買一本範氏大代數和一本題解來自修，每天在木魚青燈下苦幹，感念在濟南初中劉老師給我們打下的數學基礎，大代數的前半部自學的進度很快。

　　整天在廟堂裡苦修，晚上總該活動活動。鼓山夜市很熱鬧，和幾個年輕同行到夜市逛逛。那時乒乓球盛行，附近有幾家球館，規矩是打輸的付錢，打贏的白玩，我從濟南初中就是班級選手，在軍中也下過功夫，這裡打球常常白玩。在夜市散步吃點宵夜，打幾盤球，回廟休息，明天再幹。

　　舊曆年過後不久，我就辭別電台好友，帶了大叔的信件到萊園拜見李老師，他帶我去見校長，辦註冊手續。校長林攀龍先生是台灣聞人林獻堂（註）的長子，英國留學，學養很深。私立學校招生不易，學生大多來自附近鄉鎮，我來插班頗受歡迎。

　　數學老師是一位姓李的年輕人，非常優秀。大家正開始學的排列組合，正接上我自修的地方。台灣同學數學特強，同班有幾個好手，在班上表現出色。數學課對我而言是輕鬆而有興趣。

　　英文老師林式幹，川大畢業，家學淵源，常識豐富。高二英文開明書局課本相當深，我在動蕩的年代雖然不斷自修英文，但程度有限，英文最感吃力。第一堂講一篇名著"Shipwreck"（夏丏尊譯作〈破難船〉），上課前我先預習，發現滿篇生字，查出生字，也朗誦幾遍課文才去上課。

　　台中的氣候宜人，艷陽初春、陽光普照，從宿舍到學校需
要穿過一段山村小路，我總是在和煦的陽光中信步而行，習慣
地口中念念有詞。這一段行程，那一種情景和胸懷在心海中所
留下深刻的記憶，是那麼充滿了朝氣、充滿了挑戰的決心與信
念，這是我一生中明媚的春天。

　　我習慣早起，大約五點鐘開始唸書，這一段時間念英文：
課文開講之前已把生字查出寫成字塊，放在口袋中隨時拿出來
念。課文是在登山的台階上朗誦，每讀一遍登上一台，共登
二十二台階，上課之前我已念了二十二遍。這個辦法是跟漫畫
家豐子愷學的，不久前我看過他的留學回憶，他去日本只有十
個月的費用，十個月之內不光學畫、學日文、還學英文。他
補習英文就是這個辦法：念字塊、讀課文、上課之前念一個
「讀」字，每讀一遍寫一筆，讀字二十二筆，他念二十二遍才
去上課。

　　半年過去，下學期高三上開學，高中部舉行英語背誦比
賽，我選了美國總統林肯的那篇名著「民有、民治、民享」的
演詞，得了第一名。

　　我的目標是大學入學考試，考試科目分甲、乙、丙三組，
文法科屬乙組。國文、英文、三民主義（50%）是共同科目；
乙組數學只考三角、幾何和大代數，不考解析幾何；考史地、
不考理化，所以高三的功課，有些就沒有學習的必要，我於是
和物理老師、數學老師達成協議，上課守秩序，他不干涉我做
其他功課。

　　中學軍訓每週二小時，我一入學就和軍訓教官商量：我是
退役軍官，受過嚴格的軍事訓練，請免中學生的軍訓，他同意

了。高三開學，救國團作全省軍訓檢查，派員到校測試，我幫他指揮高中三班學生操練，萊中的軍訓測試名列前茅。

高三結束，萊中畢業，我的成績全班第一，領到一些獎品，其中有霧峰鄉農會送的一本《王雲五綜合詞典》四角號碼檢字，我使用慣了經常帶著，竟跟了我半個世紀，直到如今。

1955年暑假，台灣五院校聯合招生，我在台中報名應試。第一志願填台大，怕大叔耽心我的學費，便改口對他說我報的是師大（公費）。放榜之日他在師大名單上沒找到我的名字，吃飯的時候同事向他賀喜，才知道我考上台大。

初到萊園的山坡上晨讀，總是晨星了了，空谷足音；半年以後也有人陪我晨讀，高三時，山坡上晨讀的人更多了。1955年萊中畢業生考取台大的還有早　年畢業重考的二人，同班中也有幾人考取大專。這一年萊中的升學率打破記錄，師生士氣高昂。大一寒假我去萊中訪舊，在五桂樓住一宿，早晨起來發現山坡上到處有晨讀的學生。

默默的祝福

在台大讀書期間，和愛萍又見過幾面，她在台大護理學校畢業後又轉念師範，做了國校教師，並與澎湖的同學結婚，她先生是海軍官校畢業，在艦上服役。

海外的時光易過，轉眼十多年過去，八十年代初在台北參加甯子誠兒子的婚禮，簽名的時候有人在背後捂我的眼睛，回頭看竟然是愛萍，滿臉喜悅的樣子，還帶有童年的頑皮。老伴在旁，我介紹她們認識，她仔細地打量了一番。這時她先生已經退役，轉任商船船長。又過了幾年，我們在台北參加苑校長

的八十壽宴時再度相遇，這次她帶了兒子，這位挺英俊的青年在上海投資，事業很發達。

1995年9月，我回國為侄兒覺民主持婚禮，甯愚（廷淦、縣中的好友）請我在家中吃飯，這是個難得的聚會，他們兄弟姊妹全到了。淑萍是我1945年縣中同班，分別整整五十年，她還保有當年的模樣，卻變得非常健談。我和淑萍這次相逢有幾回單獨談話的機會，才揭開了愛萍的心靈創傷。

愛萍的母親不僅年輕時叱吒風雲，即使解放與改革開放後，直到她閉上眼睛，一生中氣十足。她本是梁某人的妻子，小倆口在北京讀書，當時愛萍的父親甯鵬遠家有妻子，他單身在京，是他們家中的常客，後來愛萍的母親發現甯才是她理想中的丈夫，便與梁離婚，甘心做甯的二房。這在四十年代的小縣城當然轟動遐邇，無可否認的，她走在時代的尖端，也是敢作敢為的幗國英雌。

甯家雖然是本縣的世家望族，可是愛萍的祖父甯延齋做了親善日本的「維持會」會長；她的父親更當了日偽縣政府的教育局局長，這些家庭背景在愛萍小小心靈中種下了深深的自卑感。她的乳名叫「小鶴」，我卻給她改作「小荷」，並且說「出汙泥而不染」。

當愛情逐漸升級到了面對現實的層次，她的感情昇華了，「我不配，愛情不是佔有，是犧牲奉獻，是為你愛的人付出……。」我體會出她那種悲劇性格的根源，也深信她說的四十年來默默地祝福，她還講了一個神奇的夢。

她很多年前做過一個夢，清清楚楚，是一幅年畫：畫中有兩個小孩背對背坐著，中間是一根鐵柱子；男的穿一雙虎頭鞋，女的梳著兩根小辮子，再仔細看，男的竟是你，女的就是

我；忽然來了個老和尚，拿著一綑鐵絲把咱倆從腳上纏起，邊纏邊念著：「你們兩個無緣，等到鐵樹開花」。越繞越高越緊，眼看繞到脖子就要扼死，我大叫一聲醒來。」

　　她一直帶著深黑色的太陽眼鏡，說是早年把眼睛哭壞了，畏光：「我生來倔強，挨母親的打罵最多，從不告饒。」還記得有次她哥哥帶我去他家，走進二道月門，牆角裡跪著一個女孩，滿臉鼻涕眼淚，兩手撫著頭上頂的一塊搓板，那就是愛萍。

　　兩個六十多歲的老人，回顧他們一生纏綿緋惻、曲折離奇的心路歷程，激動處涕不成聲，豈不是一幅悽美的愛情畫面。

　　人世滄桑，如今天各一方，各有自己的世界，但又何妨互相祝福。

註：林獻堂，清末維新派人物，梁啟超曾在他家作客，留下許多詩文。
　　二二八事變與國民黨決裂，逃亡日本以終。

我的老朋友周槑

　　近來台灣僑胞的關注都集中在周槑身上，她本名周龍，別名周槑（自喻周二呆）唸周梅，由於這兩年來她的記憶力變得很差，常常找不到進門的鑰匙，坐在門前進不了家門，而且生活習慣漸漸影響到社會公安，因此驚動了警察和社工人員前來關注。她的中國人老友，在魯汶大學圖書館工作的華貝妮女士，趕去了解情況——不得了，官方要送周槑進養老院，她說：「這裡是我的家，你們要強迫我離開我就自殺！」雙方僵持不下。貝妮希望僑胞朋友能出來調解，於是大家全出動了，這是因周槑不是普通人，她大有來頭。

　　周槑和王鎮國是南開大學的老同學，二人都到台大寄讀畢業，王讀外文系，周念歷史，在台灣做過名教師，是學生心目中偉大敬愛的周老師。來比國後，先在魯汶修院苦修，再進台灣文化中心新聞組，擔任王鎮國的雇員。二人的交情堪稱莫逆，王病危時，是周侍疾送終；王留給她的樂器、胡琴簫笛等物，她都供奉在頂樓無人敢碰。她不僅精通語言文史也精於繪畫，她的畫細緻雋永，常流露童稚和純真，是位傑出的藝術家。

　　周老師性格剛烈、愛憎分明，一言不合便拂袖而去！但又急公好義、樂於助人，一輩子獨身。林國明醫師開業之初，她義務充當翻譯，兢兢業業數年如一日。然而，在李奇茂畫家來

比國開畫展時，因言語不當觸怒周霖，她便坐在大會堂前執意要李先生出來對質。

辛憶卿是黃某郵局舊識之女，她搭機來比，其父當時已患癌症當面拜託照顧，只因黃某在她面前拍過辛的肩膀，就變成紈綺、萬劫不復！因她父親曾有婚外情，所以她對男女界限不自然的苛峻，這樣一個人物，大家一聽說她有麻煩，都趕來幫忙。老朋友之外，慈濟功德會的人也來了。其中最熱心的是林國明醫師，帶頭清理屋子，重整她的床鋪。她雖然記憶力衰退，可是言語清晰、甚有條理，大家圍坐在社工的心理專家面前勸她進養老院，她舌戰群倫，條理清晰又無病態，大家束手無策，可是官方必須處理，她的案子繼續發展不知如何結局?!

這幅畫是1995年小女結婚周霖繪贈的，背面有親切的題字。

給周槑的信：

　　你還記得郭鳳西的先生黃志鵬嗎？大家都來看你，我不敢來，怕你罵我。可是咱們曾有過不少往來，我以前從你那裏買來的象牙人，至今還有幾個精品擺在玻璃櫥裡，不信可以叫鳳西帶你來看看，歡迎你來我們家坐坐，還可以請你在舍下吃餃子。

　　你的一生很不平凡，建議你寫一本自傳給朋友和後人留個紀念，我願意幫你出版。我的為人你有誤解，我做事只問耕耘不問收穫！

　　我給你寫了一篇素描，希望你能補充更正，也是為了給朋友們留下一點紀念，當然如果你願意，也可以在報刊發表。

黃志鵬祝福
02/09/2007

志鵬註：

　　我寫這封信時是從鳳西和曉明口中得到的印象，認為她還有一定的見識力，可以辨別過去事實的真假，可以看書信、談事情與提供她的經歷等等，所以我先寫了這封信寄去。與鳳西去看她之前再打電話問她是否接到我的信？她說沒有，我就複印一份帶去，見面以後才發現這一切都是多餘的，因她一切都忘記了，根本就不能讀，更不能寫，她的神智已近乎白痴。

又見周楝

那天星期日是無車日，我晨泳後騎上單車出門訪周楝，上午公園練功總是帶了早餐，因為我晨泳前只吃水果，晨泳後胃口大開吃得很多。今天帶了三個包子，一壺熱茶，想到如果能看到老周，請她吃包子喝茶，豈不妙哉！於是一路沿大道（Rue de la loi）騎，交岔口前右轉小路是下坡，三分鐘便到她門前的方場（Place Madou）。今天這裡有趕集（foire），她門前擺滿了飲食攤子：有越南的、泰國的⋯⋯。按門鈴沒回聲，打電話她接了，言明來意，她下來開門。

我把單車鎖在她門口的樹根上，請她坐門前的咖啡座，並拿出錫紙包的包子說：「鳳西為你做的，趁熱吃！」她說等會吃，可是一轉眼，她又問這是什麼？看來她的記憶力真不行了。

我們一起享用我帶來的早餐：兩塊自製的麵

包夾火腿,並拿出我的熱水瓶,一人倒上一杯熱茶,給她一塊麵包因天冷了不大好咬,我問她的牙種好了嗎?她說沒有、不行。聽說她要種牙,不知為何不行。

她又說:「今天幹麼這麼熱鬧,這裡我都不認得了!那邊是賣什麼?」

那是個越南攤子,我去買了一份春捲,一盒三條,現炸的很燙,小格中有加甜酸汁,我們一人一條,剩一條讓來讓去,最後一人各一半。

她又問那一包包白白的是什麼?我去買一包蝦片回來,也是新炸的,挺喜歡,她說:「都是吃你的,我沒有東西送你。」其實我很想要她幾片小硬板上的畫,記得上次替她清理桌子、安裝電視天線時,看到桌上一疊疊手繪的飾物,有小動物、花鳥等……非常可愛,都是她當年擺攤子賣的,後來想想又算了。

她也走過去想買什麼,我跟上去,那攤是賣越南湯粉的,問她想吃一碗嗎?她說只買兩個塑膠盒子,一掏口袋抓出一疊五十元大鈔,我趕緊叫她放進去,她的這件背心有許多口袋,又摸了幾次找出小額鈔票,老板不收錢白送了。現在比國治安很不好,到處有小偷和強盜,她這樣露白,若叫壞人發現,可能命也送了,真叫人擔心。

我上次來看她,覺得她很需要一把手電筒,這次帶一個給她。她很歡喜,還問我電池用完怎樣換新的。我教她把後端轉開,取出電池後再裝回去,她照做了。有些地方她還很靈光,知道電池用光要換新的,馬上學會操作。看來也有可能逐漸地改變她的觀念,一旦心中的死結動搖,就有接受住進養老院的可能,才是最好的解決辦法,王鎮國不也是進老人院的嗎?她

的房子固然值錢，但她的寶藏更值錢，可以把她的收藏清理出來拍賣，比這樣埋沒了好。

鳳西來電話催我回家，我把給周罧的東西裝入塑膠袋子，看她開了大門才推車上路，回頭看，她還站在門口招手。

回去是爬坡，我已想好路線，帶車子上地鐵，轉一次車到離家最近的一站。雖然鳳西解釋得很清楚，但我還是坐錯車，掮著了車子上上下下總算到了Roodebeek，十分鐘到家，衣藍一家也在，我買回來的兩盒越南菜滿受歡迎。

這一回騎單車進城看周老師，幾次汗透全身，上坡奮腳力蹬，回家後隱隱腿疼，心想這一回恐怕要疼幾天了。下午在後院和衣藍一家人鋪上氈子曬太陽。晚飯後再陪鳳西散步，晚上睡得很好。

沙耆的愛好者

　　幾天前有一位台灣的沙耆愛好者林先生來電話，要來比京拜訪，希望了解一些沙耆旅比期間的事。旅比畫家黃朝謨教授也是沙耆迷，他和這位林先生在台灣沙氏的畫展和研討會上見過面，也是林君這次拜訪的對象。

　　原來林君是生意人，在德國Dusseldorf有辦公室，他把車次電告我們，替他訂好旅館，鳳西先接了黃兄一起去南站接他（Midi）因時間還早，先來舍下，午飯後再送去旅館安頓（Hotel Meridien）。

　　台灣的商人事業有成以後喜歡玩藝術，林君四十來歲、風度翩翩、彬彬有禮，他收藏了不少沙耆的作品。朝謨兄是畫家，早在台灣「沙耆熱」之前就收藏他的畫，我曾說過有個台灣畫家在舊貨攤上發現一副畫，一眼就迷上了，就是朝謨，此後他到處收購，手中著實有些精品。

　　至於我和鳳西既不識貨，也不是藝林中人，卻機緣湊合，鳳西又受託寫了沙耆旅比十年的文章，竟對這位不世出的畫家作了相當深入的研究，從而他把我們引進了藝林，開闊了人生視野，這是福緣。

　　1999年中，中央社駐西班牙的名記者莫索爾學長，推薦鳳西為台灣的「卡門藝術中心」寫一篇〈沙耆旅比十年〉的報導。報酬十分優厚，並提供了許多線索。鳳西肯鑽研，不怕跑

腿打交道，資料收集得很豐富，越寫越來勁，完成了一篇三萬
字左右的報導：

　　主標是「黃金時代的震撼歲月」，副標為「沙耆的旅比十
年1937-1946」，雙方都很滿意。這篇文章並未公開發表，卻傳
到沙耆的故鄉，受到他親人和地方上的歡迎和感謝。浙江衛視
有位記者亞妮追蹤畫家的足跡，特別飛來布魯賽爾找鳳西帶她
親自走訪相關的地點和人物，並拍成了電視劇「尋找記憶」共
四集，在國內聯播。她給我們寄來一套DVD拷貝。

　　鳳西帶客人來家中，主要是給他們看DVD並展示一些收集
的材料。林君翌晨就要離去，他如此專注，就盡量把握時間以
滿足他的願望。中午就在舍下便餐，有鳳西做的韭菜盒子、比

國才上市的淡菜（moule）和一大盤什錦沙拉，餐點清淡可口，賓主盡歡。

　　林君訪問過沙耆故居，也到上海拜訪過正在排演沙耆故事的越劇大師趙志剛，還帶給我們一本「沙劇」的最後版本。可見此人之迷還在朝謀之上。2004年在上海時，趙先生曾來旅館相訪，他很認真地問了些細節要編成越劇。

　　寫文章也有幸與不幸：鳳西的作品不多，人物只寫過兩個（另一個是錢秀玲），都成為影視圈的重要參考資料，現在又改編成越劇，由越劇皇帝趙志剛在上海演出，她也與有榮焉。

　　至於黃朝謨教授的珍藏非常豐富，包括各時期的精品，難得的是有幾幅早期的水彩國畫：老壽星、中國慶典、老虎等等，就是史蒂凡畫評中提到的以中國題材爭勝的作品。黃教授的畫買的不便宜，因為每當他面對沙耆的畫時就像觸電似的移不開眼睛，老板看到他的表情當然加碼。更奇妙的是他有靈感，早晨醒來想到某處能找到沙耆的畫，就真能碰上。看著兩位「沙迷」越談越投機、越興奮，我們也跟著高興。

　　這件事情的餘波是：鳳西和我去上海見了沙耆的兒子沙天行，並成為朋友，也去醫院見了成為植物人的老畫家——沙耆。（31/07/2005）

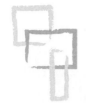

送君千萬里

　　1971年同住一樓的好友王君辦好加拿大移民，即將遠赴異國，因此我們擬訂了一個旅遊送行的計劃。

　　小福特載著四大兩小，九月中旬踏上征途。穿過德國南部的黑森林，沿萊茵河南下，走鄉村小路，風光綺麗。夜宿農家，床舍乾淨舒服，但樓下是牛欄，一整夜牛聲不斷。

　　早餐吃鮮奶、鮮蛋和農家自烤的麵包。餐後，繼續向東南行，過慕尼黑，入奧地利，在沙茲堡停一宿到維也納。回頭越過阿爾卑斯山，穿過一條街的大公國列支敦士坦（Lientchtenstein）進入瑞士，再轉回比利時。這一程沿途停宿十二夜，車行數千公里。

　　中秋之夜，路宿奧國山村小店，等孩子睡好，兩家夫婦到樓下庭園中賞月。王兄自號江湖散人，夫妻文采風流，豪氣萬千。山村野店，皓月當空，借古詩「勸君更盡一杯酒，西出陽關無故人」之句，與好友把杯。燕趙多慷慨悲歌之士，四人痛飲黃湯，朗誦李白「將進酒」詩句，借酒佯瘋，放蕩形骸，一解萬古之愁，可謂痛快！

赴美參加郭韓府囍事

　　好友郭榮助和張壽美的兒子郭書鳴Samuel與台灣的僑彥韓先生之女韓品詩Cici選在美國國慶日舉行隆重的婚禮，至親好友從各地趕來參加盛典。這一對新人是哈佛的高材生，新娘年紀輕輕，卻已主持哈佛建築系的重大設計；新郎書鳴我們看著他長大，來美十年不見，竟已充分發展成一個成熟的青年：融合了傳統與現代，東方與西方的道德及文化氣質，極其難能可貴。

　　郭榮助和張壽美已於1996年離異，身邊的二女一男都是與郭榮助所生。長女詩詠很會念書，大學畢業後工作三年，再赴巴黎讀企管名校Insiat，剛畢業不久，男友法國人Raphael也一路相隨而來。次女琴詠是美國名校畢業，去年與大陸旅美企業

家孫氏之子成親。書鳴的喜事，壽美安排孩子的生父郭榮助從比國趕來參加盛會。

值得一記的是這一群年輕人：

張啟元是鳳西的姐姐鳳蘭的兒子，去年十二月才與台灣來的詹詩萱Jeci結婚，Jeci品貌雙全；啟元聰明機智、文武全才，女朋友換過不少，終於找到理想的伴侶，兩人都有很好的工作。郭泰Davis是鳳西的小弟湯生的兒子，來美三年變化很大，先在本社區讀高中準備大學之路，交了個非常優秀的女友左懿Amie，來自京滬世家，對他影響很大。

阮義的兒女Yve和Judy這次來美度假，也決定留下加入這一行列。

壽美處處想到故舊，對這些年輕人像家長一樣關心照顧，還有資深優秀的啟元、書鳴帶他們走向正確的讀書之路。教他

們把心力用在最適當的地方，對課餘消遣也用心關懷。鳳西的弟弟湯生，這幾年幫忙規劃與創業，安排這些年輕人的生活細節，擺平及清理所有疑難雜事，兩個失婚的中年人，結為夫婦，一同發揮了他們的長才。

婚禮和晚宴

　　我們比國來的三人—惠珠、我們夫婦倆，代表男方家長去韓家迎接新娘，韓家要行辭別雙親之禮。上午九時，湯生接我們先去新人的旅館等候迎親的伴郎到齊，共乘三節豪華禮車Limousine來到韓家，辭親禮成之後接上新娘和韓家的雙親等人開回旅館，等候上山的結婚大典。一路順利進行至晚宴中的舞

會，新人開舞，二人編導的一場沙沙快舞，由一群年輕貌美的伴郎伴娘全力配合演出，把晚會帶上高潮。

老郭坐在男家長主桌壽美之旁，他用英文致詞，曾打招呼叫我們附合，他的演講大體上不錯，尤其是感謝壽美教育子女這一段令人感動。不料，後來他喝醉了發酒瘋、摔打杯盤，是美中不足的地方。

壽美與榮助結褵二十五年，對壽美來說這是一段不堪回首的往事，沒有誰對誰錯，只是因個性不合，看透自己的處境後，決定分開一陣子靜思未來。也在美國有很多兄弟姐妹，於是帶了三個孩子來美發展，最後夫妻關係走上不歸之路，後來她又遇湯生再譜戀曲，結為夫妻，也算圓滿大吉。

（04/07/2007）

法國蔚藍海岸的團聚

二女兒衣藍的婆家是法國南部的蔚藍海岸（Cote d'Azur）居民，有一棟祖傳的房子，包括四間公寓（Apt），每個至少都有兩房一廳，設備齊全。樓下的兩間一個是自用，另一個給獨子方百里（Nicolas

Frapolli）和媳婦黃衣藍；樓上的二間則按星期出租。這個星期租出去一間，一間留給我們和衣玄夫婦共用。其實他們的根據地與事業中心在埃克斯（Aix-en-Provence），離這裏還有二百公里。他們退休以後常來這裏，尤其是度假季節，至於衣藍夫婦就只有暑假才能回來享受。

我們是搭7號星期日下午五點的火車，侄兒新民送我們到布魯賽爾南站搭大利飛快車到巴黎北站，再轉到里昂站搭去土倫（Toulon）特快。車行四小時經過阿唯翁（Avignon）、里昂、馬賽到土倫。一下車衣藍和方百里就迎上來，上他們的車再開一小時才到住處，衣玄和安生早到了。

住處距海灘步行十分鐘就到了，鄉村小徑，到處是樹木花草；海灘很乾淨，海水碧藍，這就是歐洲人的度假天堂。他們

來到這裏，忘卻一切煩憂，解除一切束縛，坐臥在沙灘上、沈浮於海水中，全身塗上防曬變黑的油脂反覆烘烤。

白天大部分時間都在陽光下度過，晚上排滿了娛樂節目，美食一盤盤地吃光，飲料一杯杯地灌下，身體不停地跟著音樂扭動，永不覺累，永不想睡，可是一上床就不再想起來，睡到日上三竿還嫌人擾清夢，此之謂海濱度假。

方百里是第三代義大利移民，他外祖戰前遷到這裏，先開個小飯店供同來的打工仔用餐，再弄幾個房間供他們住宿，生意日漸興旺，演變成了豪華的飯店和旅館事業。親家母昂姬（Angilique）就出生在飯店裏；可是她和夫婿方尚皮（Jean-Pierre Frapolli）婚後就到埃克斯（Aix-en-Provence）發展建築事業，包攬了整個小城的營造生意。老祖母把飯店旅館留給兒子皮爾（Pierre），而一棟度假的房子和田園留給女兒昂姬（Angilique）自己死在田邊一棟小屋裏。

皮爾一家人事業經營有成，他七十多歲還掌著大廚。老婆媳婦管理旅館，他帶著兒子管理飯店，哪邊忙，兵力就集中到哪裏，轉眼就把問題擺平。這家人個個相貌堂堂，媳婦都裝扮入時，舉止高雅，只可惜一口流暢的法文帶著濃重馬賽口音。

衣玄和安生也想在這一帶買棟房子，為退休打算。安生半月前就先到了，租了部車開了三千公里，在法國中部Alteche靠山的小鎮看中了一處。老房子新裝，設備齊全，折合美元二十五萬。他們已決定買下，一半可以付現，一半貸款分十年還。安生帶了房子所有資料，請衣藍夫婦和公婆四位建築師鑑定一下，確定值不值得買，他認為此舉一方面安個家；二方面也是儲蓄和投資。年輕人有他們的見地和想法，我們最好不要出意見。

山居札記

（一）法國Alteche

A l'Alteche 190603 Sejours a la montagne I 220603
TGV BX　Midi-Lyon-Valence-Autocar Aubenas

　　女完衣玄和女婿安生在法國中部Alteche地區，買了這棟房子快一年了，二人投入了大量的資金和心力整修得已經相當完善，小Margaux（廣仙）於2003年在這裡出世，鳳西8日就來給女兒做月子。昨天19日上午婷婷送我上車經過如下：

　　11h25歐洲特快車準時開車，法國里爾Lille上滿了乘客，到Valence誤點半小時沒趕上預定的16h17汽車，下一班16h25剛好搭上，兩小時到Aubenas，鳳西開車帶衣玄來接。路徑挺複雜，鄉村小道走完再爬上六百米的山坡，他們的房子就在山腰，海拔700公尺，一座三百年齡古堡式老屋並重新改裝，座北朝南、四周遠山環繞，面對山腳下的Ardeche和Aubenas城市；站在門前的平台上展望，有君臨天下之勢、氣象雄渾。每天的日出及落日，非常漂亮。羅安生開車三千公里找到這座老屋，他不懂中國風水，卻有這種眼光，很快敲定購下。他們每次從香港跑

來，投入裝修工作，現在已有三套臥房可用，設備完善的廚房、客廳，三套浴廁、游泳池、300平方公尺已可使用，還有300平方公尺等有錢再繼續裝修……

可是如何享受這棟房舍呢？從東方來至少要花二十小時的飛行時間，下機後還要開車約三小時左右。從美國來則飛行時間更長；從比京來最短，如上所述也要一整天耗在路上。這樣好的房子我享受不了，為看外孫女偶一為之。

小廣仙出生正好滿半個月，已經很有模樣，現在看來像安生多，面目很細致，手腳細長，動作很多，很少哭鬧。她吃母奶，也有自己的房間。

關於小孩的名字，洋名很簡單：名Margaux 姓Reirson；中文名很麻煩，衣玄為紀念她外祖母（鳳西之母給她留下深刻的

印象）想用她的名字「廣賢」、這不合中國人的觀念（諱），我和鳳西研究改作「廣仙」。

　　晚飯後去後山散步，推了小廣仙。這一台兒車大有來頭，是年初來時在法國名店訂購，又是從許多資料中精選，買來再由羅安生扛去香港；這回因SARS病全世界緊張，來此地生產，再從香港帶到比國轉到此地，都是安生扛來扛去。現在派上用場，真是設計精巧，配合各種用途。

　　九點半太陽還未下山，從屋後上去第一個鄰居是祖籍德國的Michael，他家的兩條狗總要跑來大叫幾聲；再過去就到了副村長Gerad家，他是那一群牛的主人，牛肉、雞蛋的供應者。他們這個村子總共不過十來家人，彼此都知之甚深；對面走來兩位老太是住在前面山上Staint Laurant古堡的老姊妹，她們圍上來細看廣仙，說：「三天沒見又變樣了」，鳳西說今天是十五天，她立即糾正是十六天。廣仙的出生、來歷、全村無人不知、耳熟能詳。這裡的通信地址沒有路名、門牌、只要寫上姓名、村名即可。再上去半里便到古堡，但天色已晚就回頭下山，後面有車開來我們讓道，他卻停下來放下車窗，原來是Michael又嚕嗦沒完，半天才道晚安說再見。此人有一車、二狗、三個孩子是個無業遊民，領政府救濟金渡日；幾步路又從他門前經過，屋裡已開燈，光禿禿的燈泡吊在屋頂中央，狗和小孩在屋裡到處跑跳、喊叫。

（二）古堡落日（Sunset in St Laurant）

　　今天（220603）晚飯吃餃子，鳳西買的碎肉是調過味的，埋怨味道不好，其實才對洋人的口味。包了一百二十個，剩下

的餡子又做了四個餡餅，應該夠十個人吃的，結果六人吃光，點滴不剩，大呼過癮。餐後兩家人推了孩子散步，曾經兩次要去古堡，都因太遲半途而返，今天上路較早，終於到了。

St Laurant 是這個地區的行政中心，座落在這個古堡上，全城人口不過一百，大多是農民。從衣玄家走來一公里半，推著兒車約行四十分鐘；環城一周後剛好趕上落日時刻。

Maria et Fredy 這對夫婦帶著五個月大的女兒Molina從西班牙的巴薩隆納來過周末。相距約五百公里，但旅行旺季路況擁擠，他們一早上路半夜才到達。Maria是安生巴黎MBA Insiat的

同學，巴薩隆納的世家；聰明能幹，精通西、英、葡、意、法等語文，在跨國公司任要職。Fredy英國人、原英國商船船長，現在下地陪太太，正在謀職。衣玄結婚Maria曾來比京參加婚禮，還不識Fredy，他們結婚不到兩年，生了個女兒Molina 五個月大，胖都都的很可愛。

（三）邵威巖洞（La Grotte Chauvet—Margaux au Musee）

回家前一日安生帶我們參觀邵威巖洞（La Grotte Chauvet）。1994年以邵威為首的三位考古學家在Ardeche河口發現了這個巖洞，他們從一個細小的洞口爬入、豁然開朗、發現了這

封存了三萬多年的人類藝術寶庫；有上百個天然的洞穴，最大的有三十公尺高、四十公尺長，刻滿了壁畫，描繪出當時的生活景觀：有各種獸類，包括馬、牛、羊、豬、狗、獅、虎、象、犀牛、河馬；人類的衣食活動，繪畫的技巧高超，打破了原先史前藝術的定位。

在當時這是一個巨大的藝術工廠，專門建造這個藝術寶庫之用，並非生活起居的場所。三四萬年前的人類，比埃及文明還早十個世紀，怎麼會有這樣的藝術觀念和技巧？

這個發現立刻轟動全國，專家們精心地將現場封存，製作複本，進行研究規劃；同時在市中心建立了博物館供人觀賞，我們今天的目的地就是這個博物館。據說現場的規劃已經接近完工，將來會逐漸開放。

重讀《我們的歌》

　　八十年代前後我們在海外的學子大都有一份航空版的中央日報，有一段時期打開報紙先看副刊的連載小說《我們的歌》。因為書中所描述的背景與我們太接近了。當中的人物都彷彿是我們身邊的人；他們的遭遇或者我們已經歷過了，或者在我們身邊隨時可能發生。然而，事隔三十年，書中內容幾乎都忘了，最近再找出來重讀，真是感慨萬千；再加上三十年來我們生活在歐洲，對多元社會又有進一步的體驗，因此仍然非常認同這本書，但也有一些不同的感受，就提出來談談。

　　江嘯風是一個有才華、有理想和抱負的人，他是音樂家的兒子，一心要創造祖國的音樂。他有優越的條件可以留在外國，至少可以輕易地拿個博士學位，可是他放棄了愛人和學位，回國發展「我們的歌」。

　　余織雲天生麗質，在母親的教養下，自幼品貌出眾、衣著考究、氣質優雅，有志出國留學。

　　何紹祥是天生的科學家，在國際上極享盛名，主持一個高能物理研究所。他認為科學無國界，祖國的觀念太狹隘，他是屬於世界的。大江回國，何博士乘虛而入，娶了朝思暮想的麗人，這正圓了余母的好夢；可是夫妻二人的觀念愈來愈遠，對祖國的繫念愈來愈深，終於攜子回國。

　　江嘯風有正義感，為善不欲人知，儼然是留學生的領袖。湯保羅落拓海外，老婆和孩子盼他回來，他賺來的錢胡花也不接濟貧困的妻子，大江揍過他，但他最後因為泡洋妞送命，大江又為他們家人募款，還說是保羅遺囑。大江回國後來為了救人而送命，但他的歌卻流傳全國。

　　余織雲很重友情，和廖靜慧等人的情誼終生不渝。她去紐約探望老同學曾曼琳，看她清苦寂寞的教授生活，聽她說：「我常想，只要有那麼一個人，誠心誠意的對待我。我寂寞辛苦他能了解我，病了，躺在床上起不來，他能照拂照拂我。在下大雪颳大風的天，可以有個人在屋子裏陪陪我。每天從學校回來有人跟我談談話，就很好了。我就不會在過年過節的時候，一個人對著窗子外面流眼淚了……」於是就想到慕尼克的老友謝晉昌，從而促成了他們的結合。凡此種種都令人心儀。

　　何紹祥在德國沒當成研究所所長，跟老師去瑞士也落空，想到生長的地方，想到回國的妻兒，給織雲寫了長長的一封信，讓她很感動，束裝回家。

　　這本小說最動人的地方是描寫德國的留學生生活，以及他們的情誼。最感人的是何紹祥的那封信，和他們的電話交談。最不欣賞的是余母的世俗觀念和美國同學陳玲玲的洋味。最值得同情的是陳的父母家人，以在台灣之尊移民美國打工，這種現象一直延續直到今日。以下是我看了《我們的歌》一書後的幾點不同感受：

　　1. 在那個年代，台灣留學比利時的學生約有五、六十人，都集中在魯汶。一個大學城，人口總共不過五、六萬。當時，同學們經常見面，學業問題、愛情問題、去留問

題都有，但看得不那麼嚴重。拿了學位的、念不出名堂的、還有其他原因不想回去的，不少人寧可流落海外，各自尋求出路，情況大體也如書中所言，但回去不回去的問題並沒有像書中描述般，與民族意識有如此強烈的關連。

2. 比利時小國寡民，不像瑞士人那麼歧視外人，尤其定居以後，逐漸由適應而習慣，而融入，整個過程並未感受過「受歧視、被排擠」，孩子在學校讀書時反而常受歡迎和優遇。

3. 幾十年下來已經不再考慮去別處養老。

4. 關於「我們的歌」，江嘯風的定義太狹隘，中國自古以來就有我們的歌，詩經不就是歌嗎？經考證，歷代都有自己的歌。近代如王駱賓收集的草原民歌不是自己的歌嗎？台灣也有許多收集整理出來的自己的歌。近代的音樂家為國人創作的歌曲，不算我們的歌嗎？歌廳裏唱的流行歌曲有不少好作品，是國人自己創作並非抄襲外國，連卡拉OK也出了許多名歌星並創作自己的歌，水平頗高。如果說只有具備民族意識的才算我們的歌，那麼抗日時期的流亡三部曲、義勇軍進行曲都是振奮人心的歌曲。江嘯風回國提倡有民族意識的歌，以自己所學報效祖國和屬於自己的社會值得敬重，但不能否認前人已有的貢獻。書中給人的印象是只有他回去祖國才能創作我們的歌，這點我不能認同。

老人的故事

　　R先生做了一輩子外交官，退休後生活優裕，老本厚實。太太年輕幾歲，婚後未上過班，陪著老公走遍五大洲做外交官夫人。他們有一男一女，各有成就，一年難得一聚。

　　他們在退休之初，悠遊自在，到處旅行。上了年紀就回比利時定居，住在高尚地區一間豪華舒適的房子。R先生雖然在國外生活了大半輩子，可是日常生活都是老伴照料，吃慣了太太做的菜飯，越老越離不開她。幸好她一般健康還好，可是老人病也不少，眼疾、膝痛，最近又出疱疹，疼起來要命。

　　老太太漸覺力不從心，看別人進養老院，省心省力，非常羨慕。她和老先生商量，看過許多養老院，不怕貴，選最好的，本來說定了，未料老先生又改變心意了。老先生半瞎出不了門，女兒每次要接媽媽去上海散散心，老先生都不同意，畢竟沒人能取代她太太的工作。一般人越老越怕死，越老越自私，R老如今大部分時間都躺著，正常狀況是每周三次上醫院，可是他常出狀況，半夜掛急診，每月有三次，有時是真的，有時是不滿老伴怠工，故意整她。

　　「葛婷，你今天下午去參加老人會，可別誤了晚飯！」
　　「一個月就這麼一次，你不用耽心。」

　　老太太和其他老人們聊天、訴苦，別人也沒法幫她。她不能打牌、不能看電影、上館子，每天只能守著老公，各想各的心事，怨氣沖天。

　　「清潔工不能在你眼前工作，我又做不動，你就不能遷就點?!換人很不容易，佣人也只能做點清潔工作，吃的還是得自己做。」

　　「我一輩子帶你到處風光，存下用不完的財富，今天不該侍候我嗎？」他心中不停地想，嘴裡不說罷了。

　　「我也快八十了，他要把我折磨死！」她心中常想，也常和老朋友這麼說。

　　有一天，救護車又來了，這一回被抬上車的不是老先生卻是老太太，她沒再回來。

　　再過幾天老先生進了養老院，每天坐在輪椅上默想：

　　「她就這樣一走了之，有多自私！」

微型小說

——趙四爺復仇記

　　趙四爺近來眉頭緊鎖，食不甘味，都是由於太太的問題。老夫少妻，問題從來也沒斷過，這一回卻特別嚴重。太太已打好行李，要跟那個壞蛋去同居。他愛太太愛過了頭，並不擔心失去如花似玉的老婆、也不怕丟人，只擔心她會上當。

　　那個壞蛋就是田園事業老闆王大山的獨子王天星，從小被他媽寵壞，玩遍了島上名花名草、敗壞了許多良家婦女。一年前搭上四太，兩人打得火熱，四太一廂情願，不計後果、明目張膽，提了箱子準備離家出走。趙四爺在門口攔住作最後努力：「阿欣，這個人靠不住，你不要上當！」但她非走不可，四爺又委婉地說：「好吧！不管到那一步，這裏是妳的家，隨時可以回來。」她衝出大門走了，頭也不回。

　　兩小時後電話響了，四太打來的，她大哭大叫：「這個王八蛋把我丟出來！」四爺急忙問：「你在那裏？趕快回來！」可是電話斷了，他滿屋子打轉，最後飛車趕去山峽王家。他把小王叫出來要回太太，小王聳聳肩膀：「彌太太自己跑來跑去，關我什麼事！」

　　後來員警找到趙太，她在山上翻車，壓死在車裏。

　　四爺很鎮定，草草辦了喪事後，再去找小王，四爺指著他的鼻子大罵：「你殺了我太太！」王說：「你太太是自己翻車壓死，與我何干？」四爺：「殺人償命，咱們走著瞧！」

　　趙四爺把公司業務都交給秘書，他每天在王家門前遊蕩。

　　一天，小王帶了女人，一路興高采烈走進客廳，赫然發現老趙悠然坐在沙發上，手裏還端著一杯威士忌，小王怒不可遏，就要揮拳，四爺卻很鎮定地說：「在我老婆身上發現這把鑰匙，趕來送還你。」轉眼又對客廳的那位女人說：「我太太和這位王先生原來也很親密，前幾天被他害死了，你可要當心呀！」說罷，站起來就走了。

　　那是位溫文典雅的少女，四爺查出她的底細，並找到她父母，對他們詳述他老婆的遭遇，後來這個女孩就及時回頭了，但這一回，王天星是認真想結婚的。

　　田園事業包下明耀百貨十二樓大廳，開年終同樂大會，老趙穿著整齊混進客人裏。主人致詞的時候，他忽然跳上臺去控訴王天星謀殺他太太，雖然由員警帶走，但他一路大呼大叫，把同樂會搞得烏煙瘴氣。

　　老趙像不散的陰魂纏上王天星，他有律師、有保鏢、有私家偵探；小王氣炸了肚子，卻耐何他不得！

　　一天深夜，山峽王氏別墅門前四野無人，二人對面撞上，小王忍無可忍，跳上去拳打腳踢，二人扭打在一起，小王年輕氣旺，把老趙的腦袋往臺階上猛撞，趙四爺一命嗚呼！他是求仁得仁，遺囑早就寫好，他要死在小王手裏，但要小王終身活在監獄裏！（16/09/2007）

張天心的獄中心聲

Letter 1

敬愛的志鵬、鳳西賢弟及妹如晤：

一、常在思念中。畢大夫（麻醉醫生）在刮達監獄會客室告訴我，你們會來探監，果然你倆就翩然駕臨。故人情深、多年未見內心歡忭可知，隔窗相談無限感慨，知許多朋友狀況尤為喜悅，你倆返歐之後請向大家問候。賢弟妹殷殷盛情非常感謝，若有那麼一日必趨前叩謝，不忘今日探監厚意。

二、我的情況再壞也壞不到那裏去了，你倆請放心勿念，你倆神仙眷屬，福氣那麼好，真為你們高興；維新伉儷、鎮國伉儷都是我在比利時的好友，聽到他們的消息更增思念，鎮國比利時太太及兒子真好。

三、志鵬補修家譜之事十分有價值，你倆的大作我更以先讀為快，盼能寄來。信內附便條言明是你們的大作。

四、回憶當年在比歡聚情景歷歷如昨，常到府上打擾，衷心感激，每次帶領我們到車站趕集非常有趣，水果又多又便宜。

171

五、趙克陰參事的身體一向很好，也很講究飲食，他的去世很可惜，趙伯母對我很好，使我常想念她，她常做些好菜留給大家吃，讓大家開心。

六、我愛比利時的雨天，在小街小巷中行走，不勝幽古之情；也愛到滑鐵盧高處欣賞雨天，能呼吸到當年戰場的氣氛。

七、鳳西妹的文筆細膩、感情充沛，盼多寫幾本書。以後出書更不易，因為電腦代替了書本、無書可買可賣了。

八、謝謝遠道來探監，這封信是我請馮先生和馮太太（即畢大夫）代寄的，你們都很了不起，是真正的好朋友。

先寫此信、敬祝儷安。

小兄張天心　敬上　22/07/2001

P S.何公之信請印幾張寄給我在歐洲的朋友。

註釋：天心兄這封信附了何國璣教授的信並詳加說明：
　　1.何國璣是何三珍之父，也是周子揚的岳父。
　　2.何三珍是張天心的義女。
　　3.周子揚吃定了何女，想要一石兩鳥快快發財，敲詐我$650,000美元。

Letter 2

志鵬、鳳西賢伉儷如晤：

一、今晨收到芳箋及淑敏訪問記，你們真是活力充沛、一片好心，謝謝、謝謝！

二、我已於日前寄你們一信，不知收到否？那地址是托馮先生代寫的，希望能安全到達你們手中。

三、薇薇夫人所寫淑敏訪問記已拜讀過，她們都是（妳也是）極優秀的女士，引以為榮。

四、此間世界日報有許多關於你們的活動。

五、你們回家要好好養息一下，太辛苦了，但看到你們神采奕奕、活力充沛，十分佩服，尤其鳳西沒有什麼改變，可謂駐顏有術。

六、請代為問候各地朋友；英倫的李恩國兄（政大）及夫人是我十分想念的友人，還有當記者的幾位老友（王家松）請便中代候。

七、我這樣年齡的人進監獄最使人「難測」了，判三年、五年、十年都無區別，因為隨時可以向上帝報到了（自己也難掌握）。何的信看後會明白的，那人欺人逼人太甚，自食惡果。

八、我若未坐牢，陪你們到處走走多開心！更可以在「不退勤廬」接待你們，現在我變成十無老人：（一）無父母、（二）無子女、（三）無家、（四）無業、（五）無怨、（六）無尤、（七）無恨、（八）無悔、（九）無底深淵、（十）無期徒刑。

九、四大皆空

十、我在白宮附近開過可容三百人的餐館，也可以接待你們，但早賣了。好友王師傅的烤鴨是我常常請客的地方，他是布希總統及夫人全家所最喜歡的烤鴨師父，他是我的朋友，我去他的店時也與別人不一樣，他會特別招待。

十一、魏蔣等兄姐亦請代候，維新兄嫂對我及道英當年的盛情更是難忘。

十二、有空多來信，我及道英常念及鳳西的媽媽，大美人有個大Jade戒指，仁慈可愛。

敬祝儷安

天心　25/07/2001

黃三覆信1

天心兄：

　　兩封信都收到了。你這封信文采和思路是那麼順暢，你應該抓住此刻的靈光把自己的衷曲寫出來；我迫不及待地寫了引言（探獄記），但內中情節只有你自己才能說得清楚。不妨用鳳西之名發稿。

志鵬　08/08/2001

Letter 3

敬愛的志鵬、鳳西賢伉儷：

一、望眼欲穿，今天總算「等」到了你們的回信，十分
　　高興，謝謝！

二、有些朋友是存著到動物園參觀的心情來探監的，我
　　按規矩寫信致謝致敬致意。可是他們音訊全無，令
　　人傷心。此種人稱得上是朋友嗎？天知道！

三、志鵬所寫的《黃氏源流》資料詳實，十分難得，有
　　其價值，文筆尤其清楚，我讀了幾遍覺得是慎終追
　　遠的佳作，對黃氏後人更有深長的意義了。

四、鳳西妹的文章（十無）有如其人，文字中有真工
　　夫，暢所欲言、表達充分，令我欽佩至極。

五、我未到過江西，一直到台北才有機會追隨經國先
　　生，跟他做事要清廉、正直、勤奮、忠貞，這幾點
　　動自小就是這樣，在開會報時，蔣對與會人說：
　　「像張天心這樣的人可以多介紹幾個。」這是組長
　　級會報，李正組長（曾任觀光局副局長）親口告訴
　　我的，此人現在台北任什麼董事長，近年才退休。
　　蔣喜歡人說實話、不拍馬屁、不貪污（別的本事我
　　一點都沒有）。

六、「人怕出名豬怕肥」，我算是小有名聲的人，因為
　　我在重慶時就寫作，歷年不斷，我當然不能與王
　　藍、無名氏（卜乃夫）等大作家相較，只是同一時
　　代的人吧！也正因如此，我發生一點事，就會引起

「人言」、「言殊」的情況，有人捧上半空，有人落井下石，我與他們無怨無仇，只是他們下筆無分寸，無根據胡說八道而已，毀譽參半、無法可想。當記者的人其實更要小心，下筆不慎，「捫心自問」會後悔一輩子。不過許多記者幻想力特豐，事事他都知道，天下無不知的事、「想當然耳！」害人不淺。

七、賢伉儷此行疲勞恢復否？下次去哪裏？我最喜歡的地方是夏威夷。

　　1.許多票友等我去拉琴

　　2.許多太太小姐燒好菜請我吃

　　3.張學良將軍愛唱我的胡琴（新人不識老戲）。

　　夏威夷有一郭婉莉小姐，北方人、科班出身，麵食廚藝極好，唱得更好。

九、賢伉儷事業有成、子女賢孝，令人羨慕，如能賜贈全家福一幀、傅維新兄嫂玉照一幀，十分感謝，可以時時景仰也。

十、歐元統一後將減少不少麻煩，習慣否？舊錢怎麼辦？

十一、鳳西是不是叫我寫文章？瘂弦兄日前來探監也如此說，但資料很多，千頭萬緒不知如何下手。

十二、特別記掛王鎮國兄，他真是懷才不遇、落群孤雁，所幸其夫人及公子甚好，如見面請代問候。

十三、今日有好幾封信待寫，不多談了，最希望你們賢伉儷常常來信，我必回。

敬祝儷安、代問各位朋友好。

　　　　　　　　　天心　拜上　　09/10/2001

黃三覆信2

To Chang T Hs：

一、上封信忘記發信日期，記得是很快回覆的，怎麼等了很久呢？可能是郵路梗阻。

二、上次寫的探監記要再加以整理列入回憶錄中。我曾提到你應抓住靈光寫出你的哀曲；以你目前的思路和文采可以在很多報刊開一專欄，可以用迂迴的方式陸續寫出心聲，當有廣大的讀者，事不宜遲。

三、我喜歡照相，有許多家人和故舊的照片，只是一時找不出合適的。傅先生近年和我們往來多；王鎮國已病入膏肓，人事不知，鳳西和曉明早先去看過他，最近消息不妙：他退休後惹上婚姻糾紛，離婚再娶還生了孩子，他的原配夫人一直照顧他。

四、歐元即將上市，政府有詳細規劃，升斗小民跟著走就是。

今年已多次遠遊，又修房子，已遠超預算，自己不打算外出，可是聖誕新年期間大女兒玄有計劃邀請兩家父母在東南亞某地聚會，現在還言之過早。

志鵬　敬上　28/09/2001

志鵬註：天心兄給我們的最後一封信是10月12日，他說收到我們寄的大批照片，比國的故人都看到了；可是張少帥去世我寫給他的信就沒回音。

黃三覆信3

To Chang：

天心兄：

一、寄上一函想已收悉。

二、上週閱報張少帥去世，相信吾兄感觸良多。一代名
人百齡高壽、叱吒風雲、悠遊宦海藝林，且終生享
受愛情的滋潤，令人欽羨，如果你能為他寫一篇懷
念文章，定受報刊歡迎。

三、最近找到在傅府的照片附上；他正忙於「京韻大
鼓」在歐洲的演出。這個團由大陸及台灣的藝人十
餘人組成，將於間到達比京，在比、荷、法等國演
出，夠他忙的；在比國期間由鳳西幫忙接待。

志鵬、鳳西敬上　27/10/2001

◎下面這封信是天心兄寄來，何國璣教授寫給他的。我把它收
存在這裡：

敬愛的張天心兄：

自從去年您犯下殺人案後，我一直擔心你會被誤判
死刑，今我日夜不安為你生命安全憂心不止，今年三月

法庭終於作了最後的宣判而與你終身監禁。對於這一點我還是以為判重了。你是完全自衛而殺人的，為了救三珍性命而犧牲自己去保護她，我稱許您有偉大的人格、又有崇高的愛心。

我很清楚在周子揚死前不久他已經發瘋了，他那短暫的死前兩個月，其所作所為不僅是要你的命，也是要三珍的命。對這一點很少人知道，你遲些日子犯案，三珍的命早已沒了。

現在您在獄中安心度過晚年吧！你已經七十五歲以上了，我今年八十了，但願我能飛來美京住上幾年，讓我常去你住的地方陪你下棋或唱戲，以安你我的天命，餘下次談。

敬頌獄安

弟國璣　上

3/5/2000 於美西

甲申歲末台港之旅所見所感

　　衣玄和覺民邀請我們來港與他們共度聖誕和新年，我們所搭乘的長榮航空直飛台北、香港往返兩次不加費用，因此我們就先到台北住兩周，再到香港住兩周，最後再回台灣停留到返比之日。我在台灣生活了十八年，是我一生中的關鍵時期，到處都是故人、故事；看到政治上的折衝，社會上的調和，感慨良多，不禁寫下這篇感懷。

　　台灣陷入政治鬥爭與黨派衝突中，各家爭得頭破血流。此時執政的民進黨施出苦肉計換取同情票以保住政權，可是憑心而論，比國民黨的白色恐怖，共產黨的鎮壓異己以保政權要文明多了，應當看作政治文化上的進步，而社會也有許多良性發展的現象，值得稱道，然而，島內的人民只看到傳媒大肆渲染的壞事，便以為陷入絕境，走向敗亡，殊不知比起外面的世界，台灣還是寶島，真是人在福中不知福，試舉幾例：

- 黨派為爭取選票常挑撥族群矛盾，可是在日常生活中，我們看到退役老兵用濃重的鄉音問路，省籍同胞大都熱情相助。
- 老人享有乘車、進入公共場所的票價優惠，只要把悠遊卡（優惠證）在控制螢幕上幌一幌便可放行。
- 台北捷運系統（地鐵）裝備及維護良好，乘客守秩序，多禮讓，超越國際水平。

- 一個小小的士林地區（我原來的戶籍地）的行政大樓共八層，大廳有五十個窗口，進門取票排號後，等不到三分鐘就輪到，辦事員人人和氣耐心地講解到你完全明白為止。
- 天母有個七層樓高的體育中心，游泳池是國際標準，早上8-10點老人全部免費使用。

　　十年前台大校長孫震在報上發表一文〈走向富而好禮的社會〉，我遇事常向好處看，一廂情願地認為台灣目前有這樣的走勢。

　　至於香港，有人說它財富操縱在幾個財閥之手，也有人說法律之前人人平等，李嘉誠也好，販夫走卒也好，所得稅一律16%，大家都一樣。毋容置疑，香港目前還是自由民主的基地，基本法還是有一定的效力。自由、民主、人權與人道還是普遍的道德標準。

　　侄兒覺民正準備接兩個孩子來港，關於小孩的教育，香港非常適合兒童的發展。第一語文：英語、普通話、廣東話同時進行，孩子可以掌握三種語言不成問題；其次，香港是民主自由的地區，讓孩子從小養成自由、民主、人權與人道的觀念；第三、香港人勤奮節儉、工作效率高，值得學習。

近況

黃衣玄來去如風

　　衣玄在思科Cissco工作了七年、創下可觀的業績，但在策略方面老嫌總部慢拍。此時挖角公司看中她的亞太地區經驗，

推薦給亞太，經過公司七人小組一整天的面試以後，他們出一倍的高薪請她去波士頓總部簽約。亞太員工有十六萬，比思科大得多。她向思科請辭，思科設法婉留並為她調整工作，但去留未定。她安排了兩星期休假，一家三口先去法國南部海邊與衣藍一家聚會十日，再轉來比國。三個人星期六半夜到家，第二天一早她就趕去波士頓，羅安生帶著女兒又住了一晚，星期日飛返香港。

他們去法國途中又逛了摩洛哥的馬拉喀什（Marrakche），在大廣場上買一個土燒鍋，東西大又易碎，綁了又綑，包在衣物中並裝進大紙箱，總重35公斤，在關口時卡住，必須重新改裝，花了許多工夫才通過。

侯明浩比國尋舊

侯明浩帶了媽媽、妹妹和六歲的女兒來家中探望，鳳西早就準備了許多吃的：有包子、花捲、饅頭、紅薯稀飯和一些菜餚，大家吃得高興，談得投機，非常愜意。明浩現在是法國巴黎銀行BNP駐台北的經理和跨國企業組副總裁，春風得意。他非常念舊，拜訪了他的母校，又來探望我們。想起和他們這家人的交往可謂深遠：明浩的父親侯受華比我晚一年到魯汶，三年後他母親施美濤帶著三歲的明浩與鳳西的父母同機來比。之後，受華在荷蘭成立公司，托我照顧來比京讀書的明浩，考量到住宿問題，因此我把他安排在有宿舍的艾德拜克中學（Athenee Royal d'Etterbeek）。他平時住宿舍，但週末宿舍關門，如果不想回去，就來玫瑰過週末。印象中他很勤學，畢業成績優異，我們還參加了他的畢業典禮。他以僑生身份進入台

大商學系，這個系很不容易念，畢業後考進法國巴黎銀行，事業一帆風順。

黃衣藍日夜不休

建築業七月份公休，衣藍在法國海邊度假，衣玄一家跑去熱鬧了十多天。後來因十二棟公寓大樓得標，衣藍必須趕工設計，便提早結束假期。他們原說要帶女兒回來請鳳西照顧幾天，後來決定留給爺爺奶奶多帶一週，之後由方百里再坐飛機接她回來，因此，鳳西延後一週幫忙帶孫女。他們夫妻二人日夜趕工、分秒必爭。

黃麗梅終成眷屬

麗梅從小就很有自己的主張，長大後的戀愛過程雖然曲折迂迴，但最終找到了理想的伴侶。她和賽歐姆的婚禮訂於八月十八在法國舉行，新民和雲華要趕去主持，喜帖是兩家家長出名。

朱永忠周遊列國

永忠帶了小雪龍，父子二人從蒙特利爾出發，先去美國轉一大圈，探望早年的同學朋友後再去中國。在中國登上泰山觀日出，還去合肥登黃山，從合肥帶上幸子姊妹去了香港，住在覺民的公寓，暑假安娜姐弟也在，孩子大聚會。永忠在休假時帶著兒子周遊列國，到處訪舊，還帶上一大群孩子，獨樂不如眾樂，不忘親故，殊堪嘉許。

找到二房東

出租房子實在煩人，我們也經歷過各式各樣的房客：一年不付租金、經訴訟趕走、還把你的房子弄壞。最近兩年我們大都租給學生，中國來的比較講理，年輕的一代不再抽煙是一大進步，可是去年他們集體去警察局告二房東，員警傳喚大房東去調解。

鳳西有耐心，對年輕人很照顧，有一個叫王迪的女生很有信用，願意做二房東，把整棟房子租下來。這幾天我們找工人

把房子全部檢修，設備用具換新，租約簽了，又可安定一年。
（01/09/2007）

再駁孫沂

孫老弟抓住台灣問題糾纏不清，我不能沉默，否則他就自
以為是了。回信內容如下：

> 沂弟，你29/07/2007的信中對民主的觀念大致正確。
> 第二段「我看到……」請想想你是怎樣看到的？除了從
> 官方的媒介報導，還有什麼資訊來源？你用這樣的論點
> 來一味地品頭論足，還振振有詞，不覺霸道了些嗎？
> 最近我在網路上看到一位大陸去台的訪問學者，在
> 台灣住了幾年所寫的觀感（列印附上），褒貶互見，比
> 你客觀。建議你去台灣也住些時日，你有足夠的條件，
> 台灣有親友，可以摘下有色眼鏡仔細地看看。你在二頁
> 開頭對「人的認識論」很有見地，朝多元文化發展與共
> 謀和平幸福之方向，這是人類共同願望。至於你對台灣
> 民主發展的歷史及詬病，都是中宣部提供的材料，不足
> 為憑，應多了解後再發議論為宜，恕老哥直言。

媽媽和婆婆

鳳西早就說好要帶媽然幾天，她爸爸第一天乘飛機去接她
回來、第二天一早就送來了。我們帶她去新魯汶參加老友聚
會，在一家義大利餐廳吃飯，她很乖、吃得很多。許多婆婆都

喜歡逗她。第二天去包
賽東游泳時大出風頭，
她喜歡與人打交道，還
教人家怎樣游，老友們
又都圍上來逗她。昨天
中午林惠萍夫婦請去流
浪子餐廳吃飯，一連幾
天大吃大喝。今晚最後
一個節目，衣藍帶了從
日本飯店訂購的生魚片
套餐來給媽媽慶生，飯
後帶嫣然回家。我問嫣
然什麼時候再來，她
回說不再來啦！對孩
子來說，別人的家再
好也不如自己家好。
（18/08/2007）

舞友俱樂部的「謝生會」

學年終了，學生常
舉辦謝師宴。假期將
盡，開學在即，我們的
舞校也來辦個謝老學生
的舞會，一切免費，而

且非常講究。舞會會場佈置清爽，吃喝可口，氣氛和樂歡暢，
對我來說，這個舞會比盛大的新年舞會還好。我們四點鐘上
場，三個小時跳不停，大夥揮汗如雨，打破歷年來的記錄。我
們這個舞校雖說繳費學舞，其實是個舞友俱樂部，像個大家
庭，許多活動學生都參與工作，現在安排這個「謝生會」很有
意義。（02/09/2007）

沒有汽車的星期日

9月23星期日，布魯賽爾訂為不開車日，市政府對這個活動大肆宣導，市民也樂於配合。有關組織如環保、綠黨等也紛紛發起活動響應，但地鐵、公車、計程車，都照常行駛。

鳳西一向反對我騎單車，今年夏天幾乎還沒騎過，可是今天例外，非騎不可，昨天我先把車輪打氣，方百里Nicolas幫忙檢查一翻。我今天一早出門，先去游泳，再去公園，看到滿街都是單車，許多人是全家出動，爸媽開路帶著一群蘿蔔頭，

小的四五歲，一路大呼小叫。綠黨動員會員皆穿制服、舉著旗幟，還有化裝車、騎馬的等等，好不熱鬧。

　　阿斌沒來公園、打手機竟是錯號，不知何故？騎車怕爬坡，下坡最舒服，於是我從公園出來，順著大道向城中心滑下去，享受那迎著風，輕鬆騎乘單車的稱心快意。（23/09/2007）

漸悟

　　鳳西常怪我多事，她的哲學是「人家的事有人家的道理，用不著你管。」我以前總不以為然，我的道理是「人應有是非之心、正義之感，眼看不對，尤其是至親好友，怎能視而不見？」。

　　憲和、天慈和我們相交四十年，尤其是初到魯汶那些年，鳳西做包子饅頭都是跟天慈學的。這些年他們夫妻失和，老朋友很多都曾努力調解過，尤其是買主教一直念念不忘。這次老錢先回來，他有空閒、曾有多次傾談，我覺得二人頗有回頭的可能。昨天（mardi 8/8/07）在小何家包餃子是老早的約會，比京的曉明和老錢來我們家搭車，鳳西開去新魯汶。到了小何家才知道原來天慈也回來了，他們已經在孩子家碰頭。大家紛紛數落老錢的不是，叨唸著怎麼不帶她一起來，她住大女兒家（錢立馨），我們趕快打電話請她過來，立馨很快就把媽媽送來。

　　天慈風姿依舊，大家心中高興做了件好事。先請她說說在台灣創業的經過：很不簡單，十四年奮鬥有這樣的成就，誰能比？進輔大憑實力、憑學歷，心理學的臨床實用文憑是孩子們大了以後，她自己再入學苦攻三年拿到的。上主的安排，輔大附屬醫院剛好成立這個部門，又剛好被她碰上，於是從那裏切入，逐漸成為輔大心理系的台柱，做了系主任。聊著聊著，觸

動了她的傷心事，禁不住吐苦水，大家紛紛勸慰。我說：「為
將來和好，共度愉快的晚年，舊帳不能算；你們有這麼好的環
境、這麼好的兒女、應當想開。到了這把年紀，過去的轟轟烈
烈、恩恩怨怨，都不如愉快的晚年重要。」大體上綜合了眾人
的意見。

　　一夜思量、反覆內找，又悟出一些道理：從世人的常理來
講，人家夫妻間的事，人前人後都不應妄加評論；要從修行的
立場看修行人講的「無為」，就是避免做錯事。人家幾十年夫
妻有前世今生的因緣關係，你最好別參與。

　　我於是連想到關於覺民的婚變、子女教育問題等等，
直到最近我還不斷大聲疾呼、大發謬論。戒之！戒之！
（09/08/2006）

幸福來自心中

　　什麼是幸福？我的定義是「自我滿足」：自己覺得不缺少什麼，每天高高興興、快快活活地過日子。大人物也好，小人物也好，活在這樣的景況中可以說他是幸福的。這與財富、權勢、學問、家庭結構……都沒關係。幸福和快樂是分不開的，大約快樂的人就是幸福的，有人說：「快樂不在你擁有的多、而在你計較的少」，很有道理。有錢有勢的人，為了謀取更大的權勢、更多的財富，每天嘔心咯血、肝腦塗地，幸福嗎？不見得！學者做學問、文人寫文章，很多是幸福之人，可是如果你老覺得懷才不遇，總想一鳴驚人，那就活得不幸福了。

　　我觀察到「幸福」是與生俱來的，有人天生就是幸福的，有人天生就是不幸的。生來幸福的人，在任何環境中都是快樂的、滿足的，不光自己快樂，也帶給別人快樂，如果遇到不幸的事，他就設法克服或超越，仍然過他幸福的日子。相反的，生來不幸的人，是那種永不知足、永不滿意的人。錢總不夠多，名總不夠大，心比天高、懷才不遇，總不如別人好，他未能得到他應該得到的！舉個具體的例子：

　　岳父郭將軍他總以為他的太太最好，兒女都成材。太太比他年輕，而且漂亮又賢慧，卻先他而去。老年喪妻何等悲痛，而他卻能從悲傷中走出，七十歲開始又創造了他光輝的晚年，每天有一大群弟子圍繞，尤其是幾個極其親密的女弟子。那些

年他共環遊世界七次。台灣是老根，美國大陸都有兒女親人，岳父郭將軍他不但自己活得快樂，也帶給別人快樂。老伴鳳西傳承了他這種性格，每天過得歡歡喜喜，老公、女兒、女婿、孫女是她的最愛，她的朋友一大堆，各種各樣的，鳳西不斷地奉獻自己、不斷地吃吃喝喝、不斷地聚會、不斷地旅遊；好像挺有錢，其實是寅吃卯糧。那有什麼關係，反正「船到橋頭自然直」，總比捧著金飯碗要飯好吧！你可以說你們比我們有錢，我們憑什麼環遊世界、憑什麼吃吃喝喝、不斷地旅遊？最近常看電視上的偵探片，德國人拍的「德瑞克」（Derrick），其中有許多故事提及造成不幸的原因都不是缺少吃喝旅遊的錢，而是要弄更多的錢，錢越多越不夠！

　　這次返台，魯汶舊友有多次聚會，非常難得。老錢話很多，對當年有許多精彩的回憶津津樂道，但他又重複無國之民的感慨：「在比國工作了大半輩子，比國人永遠不把你看成同胞，到了中國又把你看做華僑、台胞。最難過的是在台灣淪落到要被趕走的地步……」。我對他說要想得開：「你在比國有家有業有養老金可拿、有醫療保險。在台灣不但也有這些待遇，還是永不退休的專家學者。去了大陸又能享受上賓的待遇……這種景況恐怕很多人做夢都想不到的。」這還不算，最近聽說他的一件古董拿去倫敦富士比拍賣，人家出價25萬英磅，他還不賣呢！他要等更高的價錢。誠然他是個自強不息的君子，從研究海底的礁石、到地下的岩石、又到玉器古玩，用科學方法和儀器創造出他獨特的古董世界，可是依照我的幸福標準，他正是那種「生來不幸福」的人。（20/02/2007）

鳳西篇

我們的唱歌歷史

我一直愛唱歌，因姐姐自小學聲樂，我每天被那尖銳的女高音吵得受不了，就不認為自己也可以正式學那艱深、困難度高的聲樂。媽媽會唱歌也會唱平劇，聽著聽著學會了一些三十年代的流行歌曲，周璇的「拷紅」、「夜半歌聲」、「秋水伊人」等歌。

到了高中，我莫明其妙的被選上代表學校參加歌唱比賽，在比賽時碰上老姐也參賽，我心無負擔的得了第三名，老姐第二名，氣得我老姐一面哭一面罵，說我這從沒學過唱歌的低能兒也上榜，

真的讓她不能接受。這是第一次感覺唱歌不但心情可以好轉，也不是多麼困難的事，就起勁的唱來唱去，跟著唱片收音機無師自通的唱個不停。有個好朋友聚會場合，大夥一起哄常有表演的機會，比賽記歌詞

又常拿冠軍，所以自以為唱歌乃是小事一樁，簡單得很。第一次遇到批評，就是我那山東人性格直來直往的老公，他說：「妳唱得不錯，有時音不準走調，有時很假。」他在內戰期間、流亡學生時代也唱幾首：〈初戀女〉、〈夢中人〉、〈斷腸紅〉、〈星心相印〉、〈未識綺羅香〉、〈五月的風〉、〈一根扁擔〉等等。這些歌的歌詞很能抒發心中的失意氣悶，當年的流亡日子、戰火燎原，總是背著個小包四處為家，走在路上、睡在廟中，高歌一曲藉以唱出心中的酸楚。

　　老公到了台灣考進台大以後，便熱衷於西洋流行歌曲，他偶然哼出英文小調歌曲，總令他的同學驚訝且羨慕不已，所以他批評我唱得有錯，我雖嘴上不服，但心裡想著要改進。

　　初到魯汶時，我曾得獎的〈神秘女郎〉，獲得不少掌聲。而魯汶同學會的合唱團由何釗源領軍，他的音樂素養很高，且

指揮有方，常在國際學生聚會中演出，以藝術歌曲和民謠為主，記得的有：〈本事〉、〈遊子吟〉等等。遷居比京以後合唱團歷久不散，有幾位校友貢獻最力：黃瑞玲（Dominique，陳長石夫人，是學鋼琴的，一家人都是音樂愛好者）、陳德光（念了許多學位，音樂素養很高，也會多種樂器）、陳三多（嘉義人，學科學，但吉它彈得一級棒）、孫大川（台灣原住民阿美族王子，天生一副好歌喉），李天慈熱心聚合同好，八十年代初經常在她家練唱（上圖是在錢家練唱的情形）。老公和我都是最忠實的團員、推動者和組織者。合唱團指揮、琴師和團員變動很大，而我倆始終屹立在那裏。這期間有許多次成功的演出。

1989年在滑鐵盧市大教堂演出。同年還有台灣七大畫家聯展在某古堡舉行，合唱團在開幕酒會中盛裝演出（圖為古堡演出情形）

九十年代末，比京的福華飯店二樓設了卡拉OK，每星期五晚上眾歌友聚會，輪番登台：大陸來的幾位學人學生大都有很好的水平。我們叫一份飲料就泡一個晚上，十分愜意。有人覺得老板太吃虧，建議他加價，張志康說：「大夥都是老朋友了，只要唱歌熱鬧，飯店能維持就好了。」他有這種器量，難怪日後的事業更發達。那幾年在福華唱歌也是一段甜蜜的往事。

在一個偶然機會中，認識了林老師，他是和我女兒同齡的旅比聲樂家。剛開始不敢一個人去上課，後來慢慢明白若要學會學好，必須一對一上課。課堂上訓練發聲、咬字、節拍，藉由聲樂方式唱出來，唱錯了就重來，期間曾辦過三次學生演唱會。每星期上課一個多小時，那是我最快樂、忘我、沒煩惱的時光了。

第六屆歐華作協年會側記

　　這屆歐華年會於2004年5月28日舉行,選在只有一位會員——李震居住的匈牙利是有原因的。主要是考量到布達佩斯離維也納很近,當時的副會長俞力工可就近安排、交涉,所以籌備之初原擬在伊斯坦堡不成後,便改在風光明媚,有小巴黎之稱的匈牙利首都——布達佩斯舉行,後來才發現真是首選之地,改得不能再好了。

　　當然就像每次開會一樣,事前有百樣事情要處理:訂旅館、申請經費、通知會員、做議程、擬中心議題、通知演講人……等等一切的會前準備。我這秘書長每天坐在電腦前,像建構一個房子,一點點成形,時間快到了,便開始著手分配工作、佈置、接機、分配房間、辦報到手續、繳費、會後遊覽、還得照預算表上分配各項支出,會後付尾款、會議紀錄、會後檢討,並於會議大功告成後,將一篇簡訊報告寄送給所有會員,畢竟不是每位會員都來開會,這才算完事。

　　四天的年會,一天安排會員報到,一天安排開會和幾場演講,並與匈牙利作協辦座談交流,一天安排改選新理事、會長等,一天安排旅遊。

　　在開會期間,晚上都有節目,有冷代表的晚宴及船遊多瑙河。也有匈牙利旅遊局請的一日遊,會講中文的匈牙利小姐引導大家參觀西施當年皇宮,並坐馬車遊國家公園。開會期間住

五星級豪華旅館，作息舒適方便，與會者人人滿意，圓滿成功，最後一晚有卡拉OK助興。

　　我們夫妻倆參加這樣的會議不在少數，但大多忙碌的人是我，大事小事都找我，錢也在我口袋裡，每天幾乎都是半夜

匈亞利作協主席M. Kalasz和博學的漢學家

5月30日整天在匈亞利旅遊局中文導遊引導下暢遊，大家在茜茜的行宮前合影。

一、二點才精疲力盡的回到房間，有時快半夜了，志鵬他會穿睡衣、拖鞋，睡眼矇矓的找到我與工作夥伴，我們正在商討明天的工作，他會送件毛衣、端杯熱茶，這常讓我很窘，又被大夥取笑不已。

參觀Sissi西施皇后的皇宮，1937-1989嫁給約瑟一世國王。

坐馬車遊國家公園

5月30日晚惜別晚會，大家又跳又唱，
在唱完「最後一夜」、「高山青」後，完美的劃下句點。

冷代表的晚宴、多瑙河夜遊。

語言文學類　PG0631

牽手天下行

作　　者/黃　三、郭鳳西
責任編輯/林世玲
圖文排版/蔡瑋中
封面設計/陳佩蓉

發 行 人/宋政坤
法律顧問/毛國樑　律師
印製出版/秀威資訊科技股份有限公司
　　　　114台北市內湖區瑞光路76巷65號1樓
　　　　電話：+886-2-2796-3638　傳真：+886-2-2796-1377
　　　　http://www.showwe.com.tw
劃撥帳號/19563868　戶名：秀威資訊科技股份有限公司
　　　　讀者服務信箱：service@showwe.com.tw
展售門市/國家書店（松江門市）
　　　　104台北市中山區松江路209號1樓
　　　　電話：+886-2-2518-0207　傳真：+886-2-2518-0778
網路訂購/秀威網路書店：http://www.bodbooks.com.tw
　　　　國家網路書店：http://www.govbooks.com.tw
圖書經銷/紅螞蟻圖書有限公司
　　　　114台北市內湖區舊宗路二段121巷28、32號4樓
　　　　電話：+886-2-2795-3656　傳真：+886-2-2795-4100

2011年9月BOD一版
定價：250元
版權所有　翻印必究
本書如有缺頁、破損或裝訂錯誤，請寄回更換

國家圖書館出版品預行編目

牽手天下行 / 黃三、郭鳳西. -- 一版. -- 臺北市：秀威
　資訊科技, 2011. 09
　　　面； 公分. -- （語言文學類 ; PG0631）
　BOD版
　ISBN 978-986-221-816-7（平裝）

1. 遊記 2. 旅遊文學 3. 世界地理

719　　　　　　　　　　　　　　　100015206

讀 者 回 函 卡

感謝您購買本書，為提升服務品質，請填妥以下資料，將讀者回函卡直接寄回或傳真本公司，收到您的寶貴意見後，我們會收藏記錄及檢討，謝謝！
如您需要了解本公司最新出版書目、購書優惠或企劃活動，歡迎您上網查詢或下載相關資料：http:// www.showwe.com.tw

您購買的書名：＿＿＿＿＿＿＿＿＿＿＿＿＿＿＿＿＿＿＿＿＿＿＿＿＿

出生日期：＿＿＿＿＿年＿＿＿＿月＿＿＿＿日

學歷：□高中 (含) 以下　　□大專　　□研究所 (含) 以上

職業：□製造業　□金融業　□資訊業　□軍警　□傳播業　□自由業
　　　□服務業　□公務員　□教職　　□學生　□家管　　□其它＿＿＿

購書地點：□網路書店　□實體書店　□書展　□郵購　□贈閱　□其他

您從何得知本書的消息？

　　□網路書店　□實體書店　□網路搜尋　□電子報　□書訊　□雜誌

　　□傳播媒體　□親友推薦　□網站推薦　□部落格　□其他＿＿＿＿＿

您對本書的評價：（請填代號　1.非常滿意　2.滿意　3.尚可　4.再改進）

　　封面設計＿＿＿　版面編排＿＿＿　內容＿＿＿　文／譯筆＿＿＿　價格＿＿＿

讀完書後您覺得：

　　□很有收穫　□有收穫　□收穫不多　□沒收穫

對我們的建議：＿＿＿＿＿＿＿＿＿＿＿＿＿＿＿＿＿＿＿＿＿＿＿＿＿

＿＿＿＿＿＿＿＿＿＿＿＿＿＿＿＿＿＿＿＿＿＿＿＿＿＿＿＿＿＿＿＿＿

＿＿＿＿＿＿＿＿＿＿＿＿＿＿＿＿＿＿＿＿＿＿＿＿＿＿＿＿＿＿＿＿＿

＿＿＿＿＿＿＿＿＿＿＿＿＿＿＿＿＿＿＿＿＿＿＿＿＿＿＿＿＿＿＿＿＿

11466
台北市內湖區瑞光路 76 巷 65 號 1 樓

秀威資訊科技股份有限公司　　　收

BOD 數位出版事業部

....

（請沿線對折寄回，謝謝！）

姓　　名：＿＿＿＿＿＿＿＿＿　年齡：＿＿＿＿　性別：□女　□男

郵遞區號：□□□□□

地　　址：＿＿＿＿＿＿＿＿＿＿＿＿＿＿＿＿＿＿

聯絡電話：(日) ＿＿＿＿＿＿＿＿＿　(夜) ＿＿＿＿＿＿＿＿＿

E-mail：＿＿＿＿＿＿＿＿＿＿＿＿＿＿＿＿＿＿＿